MARCO POLO

DUBLIN

Reisen mit Insider Tipps

> Dublin bietet im Kleinformat alles, was eine Hauptstadt ausmacht: einmalige Kulturschätze, prächtige Bauten, herrliche Parks. Ich mag vor allem die Dubliner, sie sind gastfreundlich, witzig, charmant. Und die Pubs – die Stimmung, die Einrichtung, die Musik – einfach wunderbar!
> *MARCO POLO Autor*
> *John Sykes*
> (siehe S. 130)

Spezielle News, Lesermeinungen und Angebote zu Dublin:
www.marcopolo.de/dublin

DUBLIN

Christchurch
Cathedral

St. Patrick's
Cathedral

Dublin
Castle

N11

> SYMBOLE

**MARCO POLO
INSIDER-TIPPS**
Von unserem Autor
für Sie entdeckt

⭐ **MARCO POLO
HIGHLIGHTS**
Alles, was Sie in Dublin
kennen sollten

🔆 **SCHÖNE AUSSICHT**

🛜 **WLAN-HOTSPOT**

▶▶ **HIER TRIFFT SICH
DIE SZENE**

> PREISKATEGORIEN

HOTELS
€€€ über 150 Euro
€€ 100–150 Euro
€ unter 100 Euro
Die Preise gelten für zwei
Personen im Doppelzimmer
inklusive Frühstück pro Nacht

RESTAURANTS
€€€ über 35 Euro
€€ 25–35 Euro
€ unter 25 Euro
Die Preise gelten für ein
Hauptgericht mit Vor- oder
Nachspeise ohne Getränke

> KARTEN

[114 A1] Seitenzahlen und
Koordinaten für den
Cityatlas Dublin und
die Umgebungskarte
Seite 122/123
[0] außerhalb des
Kartenausschnitts

Zu Ihrer Orientierung sind
auch die Objekte mit Koordinaten versehen, die nicht im
Cityatlas eingetragen sind

Einen Stadtbahnplan und
eine Karte von Temple Bar
finden Sie im hinteren
Umschlag

🟥 **DIE BESTEN MARCO POLO INSIDER-TIPPS** .... **UMSCHLAG**

🟨 **DIE BESTEN MARCO POLO HIGHLIGHTS** **4**

🟦 **AUFTAKT** **6**

🟦 **SZENE** **12**

🟦 **STICHWORTE** **16**
🟦 **EVENTS, FESTE & MEHR** **20**

🟥 **SEHENSWERTES** **22**
🟩 **ESSEN & TRINKEN** **50**
🟦 **EINKAUFEN** **62**
🟪 **AM ABEND** **68**
🟩 **ÜBERNACHTEN** **78**
🟨 **MIT KINDERN UNTERWEGS** **86**

INHALT

> SZENE

S. 12–15: Trends, Entdeckungen, Hotspots! Was wann wo in Dublin los ist, verrät der MARCO POLO Szeneautor vor Ort

> 24 STUNDEN

S. 94/95: Action pur und einmalige Erlebnisse in 24 Stunden! MARCO POLO hat für Sie einen außergewöhnlichen Tag in Dublin zusammengestellt

> LOW BUDGET

Viel erleben für wenig Geld! Wo Sie zu kleinen Preisen etwas Besonderes genießen und tolle Schnäppchen machen können:

Billiger Busfahren S. 42 | Köstlichkeiten aus aller Welt für wenig Geld S. 57 | Günstig shoppen und Gutes dabei tun S. 66 | Freilichtkino kostenlos S. 72 | Preiswert unterkommen mitten in Temple Bar S. 84

> GUT ZU WISSEN

Entspannen & Genießen S. 36 | Blogs & Podcasts S. 39 | Bücher & Filme S. 45 | Richtig fit! S. 48 | Gourmettempel S. 54 | Spezialitäten S. 58 | Ein Bier geht um die Welt S. 74 | Irische Raubeine S. 77 | Luxushotels S. 82

AUF DEM TITEL
Entdeckungstour durch Portobello S. 27
Szeneviertel Temple Bar S. 31

■ STADTSPAZIERGÄNGE 88
■ 24 STUNDEN IN DUBLIN 94
■ AUSFLÜGE & TOUREN 96

■ PRAKTISCHE HINWEISE 102
■ SPRACHFÜHRER ENGLISCH 108

■ CITYATLAS DUBLIN MIT STRASSENREGISTER 112
■ KARTENLEGENDE CITYATLAS 126

■ REGISTER 128
■ IMPRESSUM 129
■ UNSER AUTOR 130

■ BLOSS NICHT! 132

ENTDECKEN SIE DUBLIN!

Unsere Top 15 führen Sie an die traumhaftesten Orte und
zu den spannendsten Sehenswürdigkeiten

Die Highlights sind in der Karte auf dem hinteren Umschlag eingetragen

 Merrion Square
Lauter Architektur aus Dublins
goldenem 18. Jh. rund um einen Park
(Seite 28)

 National Museum – Archaeology
Gold und etliche andere Schätze erzählen Geschichten aus christlicher und vorgeschichtlicher Vergangenheit Irlands
(Seite 29)

 Trinity College
Die Universität mit alten Höfen im Her-
zen der Stadt ist ein Muss für Besucher
(Seite 33)

 Chester Beatty Library
Die herausragende Büchersammlung
schenkte der New Yorker Alfred Chester
Beatty der Stadt Dublin (Seite 34)

 St. Patrick's Cathedral
Nationalheiligtum: 1500 Jahre Geschichte
zum Sehen und zum Anfassen hinter
dicken gotischen Mauern (Seite 38)

 Guinness Storehouse
Nach einem unterhaltsamen Brauerei-
rundgang warten Bier und ein groß-
artiges Stadtpanorama (Seite 47)

 Kilmainham Gaol
Beklemmend: Gefängnisalltag von einst
und das Schicksal irischer Patrioten, die
hier ihr Leben lassen mussten (Seite 48)

 Chapter One
Im Souterrain des Dublin Writers
Museum kombinieren irische Köche die
Küche der weiten Welt mit besten
heimischen Zutaten (Seite 54)

> DIE BESTEN MARCO POLO HIGHLIGHTS

⭐ **Dunne and Crescenzi**
Italienisches Flair und annehmbare Preise – keine Selbstverständlichkeit in einer teuren Stadt (Seite 60)

⭐ **Powerscourt Centre**
Einkaufen mit Niveau in der aristokratischen Stadtresidenz mit überdachtem Innenhof (Seite 64)

⭐ **Avoca Handweavers**
Shoppen auf Irisch: Wo sich Tradition mit zeitgemäßem Design verbindet (Seite 64)

⭐ **The Brazen Head**
Im ältesten Pub von Dublin geht es gemütlich und in Sachen Musik allabendlich irisch-traditionell zu (Seite 72)

⭐ **Mulligan's**
Eine echte Dubliner Institution: Seit Generationen besuchen Prominente wie James Joyce, John F. Kennedy und Co. diesen Pub im klassischen Stil (Seite 74)

⭐ **Harrington Hall**
Früher beherbergten Nonnen hier junge Frauen. Heute besticht das Hotel in einem Bau aus georgianischer Zeit durch die zentrale Lage, das historische Ambiente und seine ausgesprochen persönliche Note (Seite 82)

⭐ **Clarence Hotel**
Die U2-Musiker Bono und Edge machten ein etabliertes Hotel zur wunderschönen Luxusherberge, in der selbst die Bäder keine Wünsche offen lassen (Seite 82)

WAS FÜR EINE STADT!

River Liffey mit O'Connell Street

AUFTAKT

> In Dublin kommt auf kleinem Raum alles zusammen, was zur Hauptstadt einer stolzen Nation gehört. Irische Kneipenkultur und die unverwechselbare Musik können Sie nirgendwo besser als in Dublin erleben. Dazu wurden die Schätze des Landes in schönen Museen zusammengetragen und prächtige Bauwerke errichtet. Rundherum lädt herrliche grüne Landschaft zu Ausflügen ein, Küstenspaziergänge bieten Erholung vom pulsierenden Nachtleben. Und noch etwas, das früher nicht selbstverständlich war: Gastronomie und Shopping sind in Dublin mittlerweile ein großes Vergnügen. Überzeugen Sie sich selbst!

> Auf der Hitliste europäischer Kurzreiseziele steht Dublin im Zeitalter der Billigflieger ganz oben. Die Gründe liegen auf der Hand: Die Iren sind ein kleines Volk

> **Hauptstadt eines kleinen Volkes mit großem Image**

mit großem Image. Menschen rund um den Globus haben zu Irland positive Assoziationen: nette Menschen mit roten Haaren, ein gemütliches Kneipenleben und Musik mit ansteckenden Rhythmen. Zumal Dublin inzwischen der Ruf vorauseilt, auch in Sachen Trend auf jeder Ebene hauptstadtmäßig gerüstet zu sein – von der Architektur über Designerklamotten bis hin zu raffinierter Küche und angesagten Clubs.

Die Erwartungen werden nicht enttäuscht, denn die Dubliner sind tatsächlich freundlich, wenn auch nicht immer rothaarig, die Pubs voller Stimmung, die Musik mitreißend. Dazu bietet Dublin im Kleinformat alle Attraktionen, die eine Hauptstadt

eben ausmachen: bemerkenswerte Kulturschätze aus der ganzen Welt in den Nationalmuseen, imposante öffentliche Bauten, vom 800 Jahre alten Dublin Castle bis zur Prachtarchitektur des 18. Jhs., repräsentative Stadtplätze und herrliche Parks, dazu große Ereignisse wie die Feiern zu St. Patrick's Day. Und dies alles in einem Zentrum, das so kompakt ist, dass Sie vieles bequem zu Fuß erreichen.

Doch nicht nur Geschichte und Tradition prägen das Leben in Irlands Hauptstadt. Neuer Wohlstand schuf eine ganz neue Lebensqualität. Hörte man früher die Klage, Dublin besitze kein Nachtleben, so lockt heute die pulsierende Szene vor allem junges Publikum an. Zu großartigen alten Pubs gesellten sich schick-moderne Bars und Clubs. Die Gastronomie erlebte eine Revolution: Die traditionelle irische Hausmannskost machte kulinarischen Einflüssen aus aller Welt Platz. Das Hotelangebot hielt

Modern überbrückt: Die Sean O'Casey Bridge führt direkt in die Docklands

nicht nur mit den wachsenden Besucherzahlen – zuletzt immerhin rund 4 Mio. pro Jahr – Schritt, sondern bietet auch eine breite Palette: Luxusherbergen hinter klassizistischen Fassaden, bis ins Detail durchgestylte Designherbergen, familiäre Pensionen und erschwingliche Jugendhotels. Ins Einkaufsviertel um die Grafton Street zogen immer mehr Designerläden.

Kaum vorstellbar, dass das Land noch vor 30 Jahren, als es der EU beitrat, einen festen Platz in Europas Armenhaus einnahm. Es gab wenig Industrie, die Landbevölkerung war

> **> In 30 Jahren von der rückständigen zur modernen Gesellschaft**

verarmt. Die von der katholischen Kirche dominierte Gesellschaft galt als rückständig: Noch in den 1970er-Jahren war der Verkauf von Verhütungsmitteln verboten, erst in den 1980er-Jahren wurde Ehescheidung legalisiert. Doch mit dem wirtschaftlichen Boom der 1990er-Jahre kippten in Windeseile auch die alten Strukturen.

Der Ruck durch Wirtschaft und Gesellschaft ging vor allem von der Finanzbranche aus. Steuervergünstigungen lockten Banken und Großunternehmen ins Land. Das International Financial Services Centre mit 6500 Arbeitsplätzen am Nordufer der Liffey ist sichtbares Zeichen davon. Großzügige Subventionen aus Brüssel und das hohe Bildungsniveau der Iren kurbelten die Wirtschaft weiter an und stärkten Dublins dominante Stellung im Land. Heute ist Irland eine moderne Gesellschaft, Dublin eine der teuersten Städte der Union.

Die Dubliner haben lange Erfahrung haben mit krassen wirtschaftlichen und politischen Umbrüchen. Sie ziehen sich wie ein roter Faden durch die Geschichte der irischen Hauptstadt. Wikinger gründeten die Siedlung an der Liffey um 841, wurden aber 1014 vom irischen König Brian Boru besiegt und verschmolzen mit der keltischen Bevölkerung. Ab 1170 kam Dublin unter die Herrschaft der englischen Könige und war im Hochmittelalter ein befestigtes Handels- und Regierungszentrum. Von Dublin Castle aus versuchte die englische Krone, ganz Irland zu unterwerfen, was erst nach der Reformation gelang. Damit begann die jahrhundertelange protestantische Herrschaft über das mehrheitlich katholische Land. Nach den Wirren der Reformation und der Kriege um die Mitte des 17. Jhs. kam nach 1690 eine Zeit des Friedens und des Wohlstands für Dublin. Die engen, armen Gassen des Mittelalters wichen breiten Alleen und repräsentativen Stadtplätzen mit eleganten Häuserreihen im typisch georgianischen Stil.

> Junge Stadt: Über die Hälfte sind unter 30

Nach der Auflösung des irischen Parlaments 1801 verlor Dublin seine politische und gesellschaftliche Bedeutung. Im 20. Jh. schließlich fruchteten die Unabhängigkeitsbemühungen irischer Patrioten. Entscheidendes Ereignis war dabei der Osteraufstand 1916. In Dublin tobten heftige Kämpfe, vor allem um die Hauptpost an der O´Connell Street. Erst mit der Gründung des irischen Staats 1921 wurde Dublin Hauptstadt.

Heute wohnen innerhalb der Stadtgrenzen rund 550 000 Menschen, im Großraum Dublin gut ein Drittel der Bevölkerung der Republik Irland, die nur knapp 4 Mio. Einwohner zählt. Mehr als 50 Prozent der Bewohner Dublins sind unter 30 Jahre alt. Diese Jungen sind es vor allem, die das moderne Leben vorantreiben. Mit der alten, von der Kirche beherrschten Gesellschaft verbindet sie nur noch wenig. Traditionen, Publeben und irischer Volksmusik kehren viele den Rücken und setzen lieber auf die modernen Alternativen, die ihnen die Hauptstadt bietet. Denn hier sind die Einflüsse nicht nur jung, sondern auch kosmopolitisch. Vor allem die

Einwanderer aus Süd- und Osteuropa sowie Asien, die oft im Dienstleistungssektor arbeiten, bereichern das städtische Leben.

Die gewaltigen Veränderungen haben auch ihre Schattenseiten. Von der O'Connell Street, der breiten Vorzeigestraße Dublins, ist es nur ein Sprung zu heruntergekommenen Stadtteilen. Es gibt eine Drogenszene. In Geschäfts- und Bankvierteln wird gebettelt. Selbst die Gewinner der fetten Jahre sind inzwischen ernüchtert. Im neuen Jahrtausend ließ das Wachstum nach, und es zeichnet sich ab, dass die internationale Finanzkrise 2008 schwere Folgen für Dublin haben wird. Besucher dürfen sich möglicherweise auf humanere Preise freuen. Die Iren selber beklagen den Zustand des Gesundheits- und des Bildungssystems, reden über Verkehrsprobleme. Der Bau zweier Straßenbahnlinien sowie ein neuer Tunnel im Hafengebiet lindern zwar die Verkehrsnot, aber insgesamt hinkt Dublins Verkehrsinfrastruktur hinterher.

Viele Neubauprojekte werteten die Stadtviertel nördlich und südlich der Liffey auf. So wurde die Hauptachse der Dubliner Northside, O'Connell Street, 2006 neu gestaltet und glänzt nun mit dem spektakulären Wahrzeichen Dublins, der hohen, stählernen Millennium Spire. Am Fluss östlich der O'Connell Street wird seit den 1990er-Jahren ein ganz neuer Stadtteil, die Docklands, aus dem Boden gestampft: gläserne Bürohäuser, elegante Hotels und schicke Wohnungen mit Blick auf Hafenbecken und Fluss- Selbst die alte Dame Liffey wurde

„geliftet", bekam neue Fußgängerbrücken und *boardwalks*, Promenaden auf Holzplanken, die einen angenehmen Spaziergang am Fluss entlang erlauben, wo früher nur der Weg neben dem donnernden Verkehr der Uferstraßen blieb. Auch südlich der Liffey ist das ehemalige Hafengebiet eine Großbaustelle. Um das Kanalbe

Einkaufsviertel um die Grafton Street und das Regierungsviertel um Merrion Square und St. Stephen's Green, deren schöne Grünanlagen wie geschaffen sind für eine Verschnaufpause. Noch mehr Platz bietet Phoenix Park, nordwestlich des Zentrums, Europas weitläufigster Stadtpark.

Grüne Stadt im wörtlichen Sinne: An jeder Ecke Dublins locken schöne Parks und Anlagen

cken am Grand Canal entsteht ein neues Viertel mit Zehntausenden Wohnungen und Arbeitsplätzen.

> **> Neues am Fluss: Lifting für die alte Dame Liffey**

Das Herz der Stadt aber bleibt die Gegend um die 400 Jahre alte Universität, Trinity College, das schicke

Für Literaturfreunde ist Dublin ein wahres Paradies. In Museen, Theatern und am Bloomsday, jährlicher James-Joyce-Festtag am 16. Juni, feiert Dublin seine Schriftsteller. Die Freude der Iren am Erzählen kommt aber auch in den Pubs zum Ausdruck. Spätestens dort erfahren Sie, dass Pub und Kultur keine Gegensätze sind, sondern sich ergänzen und eine Reise nach Dublin erst richtig abrunden.

▶▶ TREND GUIDE DUBLIN

Die heißesten Entdeckungen und Hotspots! Unser Szene-Scout zeigt Ihnen, was angesagt ist

Julien Porzadny

lebt seit einigen Jahren in Dublin. Seine Leidenschaft ist Rollerskaten. Er gibt Unterricht und organisiert Rides. Dabei ist er immer auf der Suche nach den neuesten Trends und Hotspots. Außerdem ist unser Szene-Scout begeistert vom grünen Lifestyle der Stadt. Was ihm sonst noch an Dublin gefällt? Die Vielfältigkeit und das lebendige Nachtleben!

▶▶ NOODLE-BARS

Wilde Kreationen

Lang – kurz, dick – dünn, gerade – gedreht: Nudeln stehen nicht nur in puncto Wandlungsfähigkeit, sondern auch was ihre Kombinationsmöglichkeiten betrifft, auf Platz eins. Das ruft die Dubliner auf den Plan. Sie schwören auf die Teigwaren und immer mehr Noodle-Bars schießen aus dem Boden. Den Anfang machte *Wagamama*, die Mutter aller Nudelbars, die im minimalistischen Ambiente umso raffiniertere Kreationen von *ultra hot* bis asiatisch zaubert *(South King St., www.wagamama.ie)*. Die *Diep Noodle Bar* hat sich auf die vietnamesische und thailändische Küche spezialisiert und überzeugt mit kunterbunten Zutaten *(19 Ranelagh Village, www.diep.net)*. Sobanudeln in Shitakepilzsuppe stehen u. a. im *Café Mao* auf der Karte. Hier werden die Nudeln übrigens mit Stäbchen gegessen *(2–3 Chatham Row, www.cafemao.com)*.

SZENE

▶▶ GRÜNER LIFESTYLE

Eco-Cabs, Fair Fashion & Co.

Die Bio- und Ökowelle rollt über Dublin und lässt keine Branche aus. Besonders angesagt sind Eco-Cabs. Die abgasfreien Taxis werden durch Beinarbeit und Elektromotor angetrieben. Das Beste daran: Wer sich darin von A nach B bringen lässt, schont nicht nur die Umwelt, sondern auch seinen Geldbeutel, denn der Transport ist kostenlos *(www.ecocabs.ie,* Foto). Auch die Innenarchitekten sind vom Ökoboom begeistert. Nicole Elizabeth Jones z. B. *(www.holistic-interior-designs.com)* rät ihren Kunden zum Einkauf bei *Leaf Living,* wo es vom Ökowaschmittel bis hin zu Bio-Yogamatten alles gibt *(GF4 Adelaide Square, Whitefriar St., www.leafliving.com).* Bonos und Ali Hewsons Firma *Edun Apparel* konzentriert sich auf ökologische Kleidung mit Stil und unterstützt gleichzeitig umweltverträgliches Arbeiten in Entwicklungsländern *(30–32 Sir John Rogersons Quay, www.edunonline.com).*

▶▶ FEMALE ALTERNATIVES

Frauenpower

Dublin schlägt neue – weibliche – Töne an. Mit selbstkomponierten Songs bieten Musikerinnen Bono und Co. die Stirn! So auch die Allrounderin Klara McDonnell, die mit Folksounds und souliger Stimme überzeugt *(www.myspace.com/klaramcdonnell).* Jenny Lindfors erinnert mit ihren
melodischen, gitarrenlastigen Klängen stark an Norah Jones *(www.jennylindfors.com,* Foto). Die geballte Ladung Frauenpower erlebt man live im *The Sugar Club (8 Lwr. Leeson St., www.thesugarclub.com)* und im *Whelan's (25 Wexford St., www.whelanslive.com).*

▶▶ VINTAGE GLAMOUR

Outfits aus Seide und Leder

Dublins Modedesigner wollen sich nicht festlegen. Sie mixen verschiedene Stilrichtungen und kreieren somit ihren ganz individuellen Look. Erfrischend anders sind die Entwürfe von Aideen Bodkin (*www.aideenbodkin.ie,* Foto) und Eilis Boyle (*2 Anglesea House, Donnybrook Rd., www.eilisboyle.com*). Der coolste Vintage-Shop der Stadt ist *Hobo (13 Trinity St.).* Helen James mausert sich gerade zu Irlands bekanntester Designerin für Accessoires und Schuhe. Beides gibt's im *5 Scarlet Row* zu kaufen (*Essex St. West*).

▶▶ ELECTRONIC ARTS

Kunst der Zukunft

Hauptsache elektronisch ist die Devise der Nachwuchskünstler, wenn sie ihre Werke mit Hilfe neuer Medien und neuer Technologie verwirklichen. Anthony Kelly (*www.anthonykelly.net*) entwarf zusammen mit anderen Künstlern beim Projekt *Auralog – First Draft* z. B. Audio-Postkarten. Alan Lambert alias *Metal Dragon* überzeugt mit seinem neuesten Werk *Ouroboros* – improvisierte Geistergeschichten auf Mini-DV (*147 Parnell St., www.metaldragon.net*). Das Neueste in Sachen Electronic Arts gibt's auf dem *Dublin Electronic Arts Festival (www. deafireland.com*). Die angesagtesten elektronischen Werke zeigt die Galerie *Thisisnotashop (26 Benburb St., www.thisisnotashop.wordpress.com,* Foto).

▶▶ LITERATUR PUR

Nachwuchsautoren wollen auf die Bestsellerlisten

Dublins Nachwuchsschriftsteller und -poeten schwingen den Federkiel und erschaffen erfrischend neue Werke, die sie auf Lesungen u. a. in der *Cassidy's Bar (27 Westmoreland St., www.cassidysbar.ie)* oder im Indie-Buchladen *Chapters (Parnell St.)* vorstellen. Roslyn Fuller hat es bereits in den Literatur-Olymp geschafft: Ihr Werk *ISAK* stand auf der Bestsellerliste (*www.myspace.com/roz_of_oz,* Foto). Die besten Erstpublikationen werden alljährlich mit dem *Glen Dimplex New Writers Award* prämiert (*www.newwritersawards.ie*) und auch das *Dublin Book Festival* informiert über die neuesten Entwicklungen (*www.dublinbookfestival.com*). Der Buchlanden *Cathach Books* hat sich auf Irlandbücher und weniger bekannte, irische Autoren spezialisiert (*Cathach Books, 10 Duke St., www.rarebooks.ie*).

▶▶ ROLL ON

Dublin im Skate-Fieber

Noch vor wenigen Jahren wurden Skater von öffentlichen Orten vertrieben und konnten ihren Sport kaum ausüben. Heute sieht man z. B. vor der *Central Bank* in Dublin waghalsige Stunts der Street Skater, und die Szene findet immer mehr Anhänger. Das ist nicht zuletzt dem Team von *Kings of Concrete* zu verdanken, das Skaten durch Events, Contests und Workshops für Neulinge attraktiv macht *(www.kingsofconcrete.com)*. Außerdem öffnen immer mehr Parks, wie der *Ramp 'n' Rail Skatepark,* ihre Pforten *(Unit 3, 96a Drumcondra Rd. Upper)*. Auf Plattformen *(u. a. Skatedublin.com, Skatetraindublin.blogspot.com oder Rideandroll.eu)* erfahren Skate-Begeisterte Termine der aktuellsten Events oder können sich mit Cracks wie Julien Porzadny zu Trainingsstunden verabreden *(www.rideandroll.blogspot.com,* Foto). Im Skateshop *G1 Skate Supply (5 O'Connell St. Lwr., www.g1skatesupply.net)* gibt's die passende Ausrüstung.

▶▶ PARTY ON

Feiern mit Ausblick

Dublins Szenegänger wenden sich ab vom urigen Irish Pub und wollen stattdessen hoch hinaus. In durchdesignten Rooftop-Bars trinken sie Cocktails und tanzen bis in die frühen Morgenstunden mit Blick auf die Stadt. So auch an der Bar auf der Open-Air-Terrasse des 4-stöckigen Clubs im *Hotel Fitzsimons (21–22 Wellington Quay, Temple Bar, www.fitzsimonshotel.com)*. Die besten DJs der Stadt geben sich in der *Solas Bar* die Klinke in die Hand. Bereits um elf Uhr vormittags öffnet die Rooftop-Bar ihre Pforten. Bei Sonnenschein und Chill-Out-Sound verbringen Szenegänger einen lässigen Tag auf der Dachterrasse *(31 Wexford St., www.solasbars.com)*. Auch im *Purity Kitchen Club* im Innviertel Tempel Bar feiern Nachtschwärmer seit Kurzem mit Ausblick. Die *Sycamore Suite Roof Top Terrace and Bar* soll die höchste Dachterrasse der Stadt sein *(34/35 East Essex Street, www.purtykitchen.com)*.

CRAIC

In Irland steht der Pub im Mittelpunkt des Lebens. Er ist viel mehr als nur ein Ort, an dem Bier getrunken wird. Denn hier pflegen die Iren zwei wichtige Elemente ihrer Kultur: Musik und Gespräche. Die Bedeutung der traditionellen Musik, die in Kneipen immer noch am besten gedeiht, ist bekannt. Fast noch wichtiger aber ist den Iren eine gute Unterhaltung, denn sie sind ein redegewandtes, witziges Volk. Ihr wortgewaltiges Talent heimst nicht nur Nobelpreise für Literatur ein – allabendlich kommt es auch am Tresen zur Geltung. Wo gelacht und geredet wird, dort fällt das Wort „craic", das nur unzureichend mit „Spaß" zu übersetzen ist. „What's the craic?" bedeutet „Was ist los?", „Was gibt's heute für Tratsch?". Die Frage ist eine Aufforderung, etwas Unterhaltsames zu erzählen. Nach ei-

STICH WORTE

nem gelungenen Abend im Pub heißt
es dann: „It was great craic!" – „Wir
hatten viel Spaß!"

GÄLISCH

Irlands Westen ist das Gebiet der gälischen Muttersprachler. Im Osten tut
man sich schwerer damit. Junge
Dubliner empfinden das Pflichtfach
Gälisch in der Schule oft als lästig,
und sie vergessen die Sprache ihrer
keltischen Vorfahren schnell wieder.
Dennoch begegnet der Tourist ihr in
Dublin auf Schritt und Tritt. Straßen-
namen, Wegweiser und Websites
sind zweisprachig. Bei Führungen,
vor allem in nationalen Institutionen
wie dem Dublin Castle, werden die
Besucher oft in Gälisch begrüßt, um
die eigene Identität zu unterstreichen.
Zwei Begriffe stechen im Stadtbild
besonders ins Auge: „Baile Atha
Clia" – der gälische Name der Stadt

Dublin; „An lar" steht auf dem Zielschild vieler Busse und bedeutet, dass sie durch die Stadtmitte fahren.

GEORGIAN

„Georgian" bezeichnet die Epoche von 1714 bis 1830, in der vier aufein-

ander folgende britische Könige – allesamt aus dem deutschen Fürstenhaus von Hannover – Georg hießen. Als zweitwichtigste Stadt nach London im aufstrebenden britischen Handelsimperium blühte Dublin in dieser Zeit. Die Bevölkerung wuchs von 60 000 auf 224 000 Einwohner,

und für die Wohlhabenden entstanden neue Stadtteile mit breiten Straßen, repräsentativen Plätzen und Wohnhäusern in einem eigenen klassizistischen Stil. Augenfälligstes Element jener georgianischen Architektur sind stets die Türen, die berühmten „Georgian Doorways". Sie sind der dekorative Kontrast zu den schlichten Backsteinfassaden, die in der Regel nur durch kleine gusseiserne Balkone in Höhe der ersten Etage verziert sind. Die Türen dagegen verwöhnen das Auge mit vielen Details. Einfache oder doppelte Säulen mit ionischen oder dorischen Kapitellen rahmen sie. Über dem Türsturz gewähren halbrunde Fenster mit fächerförmiger Verzierung, die so genannten *fan-lights*, einen Blick auf die dahinter liegenden Stuckdecken. Die Türen selbst werden außen in allen kräftigen Farben lackiert, so dass man selten zwei gleiche auf einen Blick sieht. Auf Hochglanz polierte Messingelemente – Klopfer, Knäufe, Briefschlitze, Namensschilder und Beschläge – runden das edle Gesamtbild ab.

HARFE UND SHAMROCK

Zwei Nationalsymbole sind in Dublin allgegenwärtig. Die zwölfsaitige Harfe steht für den Barden und damit zugleich für Musik und Literatur. Wenn im Phoenix Park die Fahne mit der gelben Harfe auf blauem Grund weht, dann ist die Präsidentin (seit 1997 Mary McAleese) zu Hause, in ihrer Residenz mitten auf dem grünen Parkgelände. Die Harfe schmückt steinerne Wappen an den Fassaden repräsentativer Gebäude, am häufigsten aber ist sie als Logo der Firma Guinness zu sehen – dann allerdings spiegelverkehrt, denn auch in Irland wäre es anmaßend, die Staatsharfe auf einem Bierglas abzubilden.

Ein weiteres Symbol der Iren ist das Kleeblatt: Für Botaniker *trifolium dubium*, im Volksmund einfach *shamrock*. Am Nationalfeiertag St. Patrick's Day (17. März) haben die Gärtnereien Hochkonjunktur, jeder Dubliner trägt das patriotische Grün im Knopfloch.

Der Legende nach hat Patrick bei der Missionierung Irlands im 5. Jh. den dreiblättrigen Klee zur Hand genommen, um die Lehre der Dreifaltigkeit zu erklären. Wann immer es darum geht, für das Land Flagge zu zeigen, am Trikot der irischen Fußball- und Rugbymannschaften oder im Logo der Tourismusbehörde, erscheinen die drei Blätter der Shamrock-Pflanze.

NORTHSIDE, SOUTHSIDE

Dublins Fluss teilt die Stadt nicht nur geografisch, sondern auch in gesellschaftlicher Hinsicht. Einfluss und gesellschaftlicher Status sind auf der Southside konzentriert. Regierungsviertel, Institutionen wie die Nationalbank, die beste Einkaufsgegend, die feinsten Stadtplätze – all das liegt südlich der Liffey. Die vornehmen Wohnviertel sind auf der Southside, vor allem entlang der Bahnlinie DART zu finden. Zwar besitzt auch die Northside ihre glänzenden Höhepunkte wie O'Connell Street und den Botanischen Garten, aber es sind vor allem die Arbeiterviertel, die den Charakter von Dublins Norden prägen.

❯DAS KLIMA IM BLICK
Handeln statt reden

Reisen bereichert und verbindet Menschen und Kulturen. Jedoch: Wer reist, erzeugt auch CO_2. Dabei trägt der Flugverkehr mit bis zu 10 % zur globalen Erwärmung bei. Wer das Klima schützen will, sollte sich somit nach Möglichkeit für die schonendere Reiseform (wie z.B. die Bahn) entscheiden. Wenn keine Alternative zum Fliegen besteht, so kann man mit *atmosfair* handeln und klimafördernde Projekte unterstützen.

atmosfair ist eine gemeinnützige Klimaschutzorganisation.

Die Idee: Flugpassagiere spenden einen kilometerabhängigen Beitrag für die von ihnen verursachten Emissionen und finanzieren damit Projekte in Entwicklungsländern, die dort helfen den Ausstoß von Klimagasen zu verringern. Dazu berechnet man mit dem Emissionsrechner auf *www.atmosfair.de* wie viel CO_2 der Flug produziert und was es kostet, eine vergleichbare Menge Klimagase einzusparen (z.B. Berlin–London–Berlin: ca. 13 Euro). *atmosfair* garantiert, unter der Schirmherrschaft von Klaus Töpfer, die sorgfältige Verwendung Ihres Beitrags. Auch der MairDumont Verlag fliegt mit *atmosfair*.

Unterstützen auch Sie den Klimaschutz: *www.atmosfair.de*

ALLES GRÜN AM ST. PATRICK'S DAY

Schöne Pferde, rauer Sport, kluge Bücher:
In Dublin gibt's immer was zu feiern

> Rund ums Jahr finden die Dubliner lauter Anlässe für ausgelassene Feiern, allen voran der Tag des Nationalheiligen Patrick. Auch Sport und Kultur haben einen festen Platz im Kalender, aus religiösen Feiertagen dagegen macht das katholische Irland kein großes Fest.

█ FEIERTAGE █

1. Januar *(Neujahr);* **17. März** *(St. Patrick's Day – Nationalfeiertag);* **Ostermontag; jeweils 1. Mo im Mai, Juni, Aug. und letzter Mo im Okt.** *(Bank Holiday);* **25./26. Dez.** *(Weihnachten). Karfreitag ist zwar kein offizieller Feiertag, wird in der Praxis aber so gehandhabt.*

█ VERANSTALTUNGEN █

Februar
Dublin International Film Festival: Eine Woche lang irische Filme und Weltkino; *Tel. 662 42 60 | www.dubliniff.com*

März
⭐ *St. Patrick's Day:* Fünf Tage Karnevalsstimmung um den 17. März mit Kir-

mes, Märkten, irischer Musik, Tanz und anderen Veranstaltungen ganz im Zeichen des irischen Nationalheiligen. Höhepunkt am 17. ist die große Parade durch die Innenstadt; *www.stpatricks day.ie*

Juni
⭐ *Bloomsday – 16. Juni:* An diesem Tag des Jahres 1904 spielt James Joyces Dublinroman *Ulysses.* Geführte Spaziergänge und Events an den Orten des Geschehens sind teils Hommage ans Werk, teils Anlass für feuchtfröhliches Zusammensein. Auskunft: *The James Joyce Centre | Tel. 878 85 47 | www.james joyce.ie*
Dublin Writers Festival: Lesungen und Vorträge international bekannter Schriftsteller; *Mitte Juni, einige Tage um Bloomsday | Tel. 222 54 55 | www.dub linwritersfestival.com*

Juni–August
Summer in Dublin: Eine Reihe von Open-Air-Veranstaltungen, z.B. kosten-

> EVENTS
FESTE & MEHR

lose Mittagskonzerte auf dem Merrion Square und in anderen Parks, Oper, Familientage; *Ende Juni bis Mitte Aug.* | *www.dublincity.ie*

August

Dublin Horse Show auf dem Gelände der Royal Dublin Society (RDS) im Stadtteil Ballsbridge. Die Iren sind Pferdenarren, aber hier geht es um mehr als einen international bedeutenden Wettbewerb im Springreiten. **Ladies' Day** ist ein gesellschaftliches Ereignis, bei dem ausgefallene Hüte getragen werden. Um die Hauptrennbahn herum findet ein großer Jahrmarkt statt; *Mi–Sa der 1. Augustwoche* | *Tickets Tel. 081 83 00 20 74* | *www.dublinhorse show.com*

Insider Tipp

September

Liffey Swim: Seit 1920 nehmen Mutige Anfang September am Schwimmwettbewerb im Fluss Liffey teil. Wer die 2,5 km lange Strecke flussabwärts zum Custom House heil übersteht, wird am Ziel mit einem Volksfest gefeiert. *Dublin Fringe Festival:* Theater, Tanz, Comedy und allerlei Kleinkunst belegen die unerschöpfliche Kreativität der Iren; *zwei Wochen Mitte Sept.* | *Tel. 817 16 77* | *www.fringefest.com*

September/Oktober

Dublin Theatre Festival: Die Bühnen der Stadt sind Schauplätze für Aufführungen moderner Theaterstücke aus verschiedenen Ländern; *Ende Sept. bis Mitte Okt.* | *Tel. 677 88 99* | *www.dublinthea trefestival.com*

Oktober

Samhain/Halloween – 31. Oktober: Samhain ist der keltische Name für Halloween, das Tausende kostümierte Dubliner mit einer Parade vom Parnell Square nach Temple Bar begehen. *Dublin Marathon:* Hochkarätige internationale Athleten nehmen teil, viele Zuschauer sorgen für Feststimmung in den Straßen der Innenstadt; *letzter Mo im Okt.* | *www.dublincitymarathon.ie*

> # VON WEGEN SCHMALHANS

Vergessen Sie London, Paris oder Rom –
Dublin bietet Ihnen alles, was Sie brauchen

> **Haben Sie sich in Berlin, London oder Paris schon mal die Füße wund gelaufen? Dann werden Sie Dublin schätzen – nicht nur wegen der nah beieinander stehenden Sehenswürdigkeiten im Zentrum. Die Höhepunkte abseits der Stadtmitte liegen zudem auf der Route empfehlenswerter Busrundfahrten. Dublin bietet alles, bleibt aber überschaubar.**

Die Attraktionen der Stadt erschließen alle Aspekte ihrer langen Geschichte. Trinity College mit der alten Bibliothek und dem 1200 Jahre alten Book of Kells, gleich zwei mittelalterliche Kathedralen – ein europäisches Unikum – und elegante Plätze des 18. Jhs. zeichnen die Entwicklung von der frühchristlichen bis zur modernen Zeit nach. Der großen literarischen Begabung der Iren widmen sich Gedenkstätten für James Joyce, Oscar Wilde und andere Dichter. Ihre trinkfreudige Natur belegen die Guinness-Brauerei und eine Whiskey-Brennerei. Und ihr

Bild: Halfpenny Bridge bei Nacht

SEHENS WERTES

Streben nach Unabhängigkeit zeigt sich an Orten wie Dublin Castle und Kilmainham Gaol.

Kleines Land – große Kulturgeschichte: Auf immerhin 9000 Jahre kulturelle Tradition kann die Grüne Insel zurückblicken – beste Materiallage also für die Museen der Hauptstadt. Doch die erstklassigen Sammlungen stehen nicht allein für den Reichtum der Vergangenheit, sondern zeigen auch das moderne Irland.

Besondere Einblicke in irische Leidenschaften gewährt das Sportmuseum im Stadion Croke Park, eine Einführung in die irische Literatur das Dublin Writers Museum, Informationen über Stadtgeschichte die City Hall und die Dublinia. Besuchen Sie aber nur ein einziges Museum in Dublin, dann sollte die Wahl auf jeden Fall auf das National Museum – Archaeology fallen mit seinen in irischen Mooren und Gräbern gefunde-

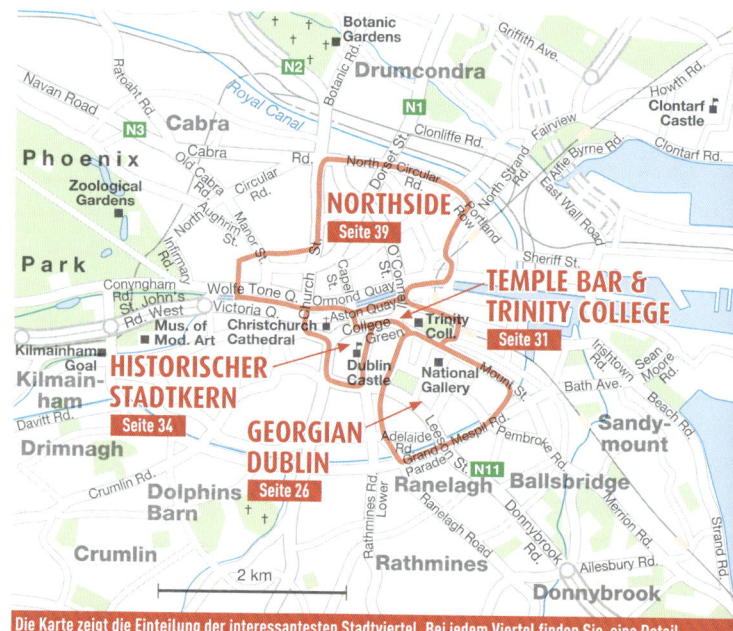

Die Karte zeigt die Einteilung der interessantesten Stadtviertel. Bei jedem Viertel finden Sie eine Detailkarte, in der alle beschriebenen Sehenswürdigkeiten mit einer Nummer verzeichnet sind

nen Goldschätzen. Die zweite Institution von Weltrang ist die Chester Beatty Library mit ihren kostbaren Büchern. Der Eintritt zu diesen beiden sowie zu allen anderen Nationalmuseen ist kostenlos.

Außer Heimischem fanden auch Kunstschätze aus Europa und anderen Weltkulturen den Weg in Dublins Museen. Die National Gallery und Teile des National Museum stammen aus der Spätzeit der britischen Herrschaft im 19. und frühen 20. Jh. Seit der Unabhängigkeit erweiterte der irische Staat die Bestände, gründete neue Museen in prächtigen Bauwerken. Eine Kaserne aus dem 18. Jh. ist das Domizil der angewandten Kunst des National Museum – Decorative Arts and History, während das Museum of Modern Art großzügige, helle Räume im klassizistischen Veteranenheim im Stadtteil Kilmainham fand.

Gleich drei Busunternehmen fahren auf derselben Strecke alle wichtigen Sehenswürdigkeiten an. Wer gute Englischkenntnisse besitzt, sollte die Rundfahrt mit *Dublin Bus* wählen. **Insider Tipp** Dort kommt der Kommentar nicht vom Band, sondern live in der lebendigen Sprache der Dubliner Busfahrer. Sie sind witzig, respektlos und immer bestens informiert (*www.dublinbus.ie* | *24-Std.-Ticket 15 Euro*). Deutsche Erläuterungen gibt's in den roten Bussen (*www.irishcitytours.com* | *24-Std.-*

Ticket 15,50 Euro). Auch zu Fuß können sich Dublinbesucher leiten lassen. Besonders beliebt ist der *Literary Pub Crawl*. Zwei Schauspieler führen durch die Kneipen und geben dabei Unterhaltsames von Samuel Beckett, Oscar Wilde und Co. zum Besten *(April–Okt. tgl., Nov.–März Do–Sa 19.30 Uhr, Beginn im Pub The Duke |* Duke St. | *www.dublinpubcrawl.com* | Tel. 670 56 02). Mit der Broschüre *Rock 'n' Stroll Trail (im Tourist Office)* finden Musikfreunde die Wirkungsstätten von U2 und anderen Stars. Auch von der Liffey aus lässt sich Dublin anschauen: Bootsfahrten starten am Nordufer *(Bachelors Walk)* nahe Halfpenny Bridge *(März*

MARCO POLO HIGHLIGHTS

⭐ **Dublin Castle**
Wo Britanniens Vizekönige in aller Pracht residierten (Seite 36)

⭐ **Guinness Storehouse**
Alles über das schwarze Bier und ein unvergleichliches Stadtpanorama (Seite 47)

⭐ **Kilmainham Gaol**
Irische Gefängnisgeschichte, die berührt (Seite 48)

⭐ **National Museum – Archaeology**
Erstaunliche Goldschätze aus vorgeschichtlicher Zeit, Kostbares aus Irlands christlicher Vergangenheit (Seite 29)

⭐ **St. Patrick´s Cathedral**
Gotische Architektur und Denkmäler erzählen die Geschichte von 1500 Jahren (Seite 38)

⭐ **Trinity College**
Wo Gelehrsamkeit blüht: historische Höfe, das Book of Kells und eine herrliche Bibliothek (Seite 33)

⭐ **Chester Beatty Library**
Nicht nur für Bücherwürmer: erlesene Buchkunst vieler Kulturen und Epochen (Seite 34)

⭐ **National Gallery**
Gemälde vom späten Mittelalter bis zum Ende des 19. Jhs. (Seite 29)

⭐ **Merrion Square**
So schön bauten sie zu Georges Zeiten (Seite 28)

⭐ **Number 29 – Georgian House Museum**
Führungen durch das möblierte Haus vermitteln Ihnen das Lebensgefühl der Zeit um 1800 (Seite 30)

⭐ **National Museum – Decorative Arts and History**
Eine vielfältige Sammlung angewandter Kunst (Seite 43)

⭐ **O`Connell Street**
Dublins breite Prachtstraße wurde saniert und glänzt heute mit alten und mit neuen Denkmälern (Seite 44)

⭐ **Phoenix Park**
Ein riesiger Volkspark mit Zoo und Präsidentin mittendrin (Seite 49)

⭐ **The Hugh Lane Gallery**
Irische wie internationale Kunst ab dem 19. Jh. und Francis Bacons bemerkenswertes Studio (Seite 42)

bis Nov. vier- bis sechsmal tgl. | ca. 45 Min. für 13 Euro | Tel. 473 40 82 | *www.liffeyvoyage.ie).*

Die wichtigsten Museen liegen entweder in der Stadtmitte oder sind mit öffentlichen Verkehrsmitteln leicht zu erreichen. Wer ein 24-Std.-Ticket der Busrundfahrten kauft, kann die Fahrt unterbrechen und direkt vor folgenden Museen aussteigen (in der Reihenfolge der Rundfahrt): National Gallery, Natural His-

Georgian Dublin, prächtig bis zum Türklopfer

tory Museum, National Museum – Archaeology, Chester Beatty Library, City Hall, Dublinia, Museum of Modern Art, National Museum – Decorative Arts, Dublin Writers Museum, The Hugh Lane Gallery. Einfacher

lässt sich der Weg zu Kunst, Kultur und Geschichte kaum beschreiten!

GEORGIAN DUBLIN

> In Dublins Prachtviertel um die großen Stadtplätze Merrion Square und St. Stephen's Green ist heute die irische Regierung zu Hause. Hier entstanden im 18. Jh., im sogenannten georgianischen Zeitalter, lange Straßenzüge mit Stadthäusern für die feine Gesellschaft. Diese Bebauung bleibt bis heute der wichtigste architektonische Schatz der Stadt. Kein Wunder, dass das Parlament, viele Ministerien und Kulturinstitutionen wie das Nationalmuseum sich hier ansiedelten. Herrliche Gärten in der Mitte der Plätze und das Ufer des schönen *Grand Canal* sorgen für Erholung im Grünen.

1 FITZWILLIAM SQUARE   [121 D3]
Unter den zwischen 1791 und 1825 erbauten Häusern rund um den Platz sind besonders schöne Beispiele georgianischen Stils. Die Platzmitte nimmt eine große, von Sträuchern abgeschirmte Rasenfläche ein. Im Gegensatz zum Merrion Square ist dieser Park nicht öffentlich, sondern gehört den Eigentümern der umliegenden Häuser. *Luas/Bus: St. Stephen's Green*

2 GRAND CANAL   [120–121 A3–F1]
Der 1811 vollendete Kanal war ursprünglich eine wichtige Verbindung der Stadt Dublin mit dem Fluss Shannon. Doch nicht Industrie prägt heute das Bild am Grand Canal südlich der Stadtmitte, sondern hübsche Brücken und Schleusen, Bäume und elegante

SEHENSWERTES IN GEORGIAN DUBLIN

1 Fitzwilliam Square	6 Merrion Square
2 Grand Canal	7 National Gallery
3 Iveagh Garden	8 National Library
4 Leinster House	9 National Museum – Archaeology
5 Mansion House	10 Natural History Museum
11 Number 29	
12 Royal Hib. Academy	
13 St. Stephen's Green	

Stadthäuser. Besonders der Abschnitt zwischen dem Stadtteil Portobello bei Richmond Street und Mount Street Lower bietet sich für einen schönen Spaziergang am Wasser an.

Als echter Dubliner gilt übrigens, wer in dem eiförmigen Gebiet geboren wurde, das der Grand Canal im Süden und sein Gegenstück im Norden, der Royal Canal, begrenzen. *DART: Grand Canal Dock, Luas: Charlemont.*

Im bescheidenen Reihenhaus Synge Street 33 nahe dem Grand Canal [120 C3] verbrachte der Dramatiker und Nobelpreisträger George Bernard

National Gallery: Touren Sie einmal quer durch die europäische Malereigeschichte!

Shaw (1856–1950) seine ersten Jahre. Die Gedenkstätte ist im Stil der Zeit eingerichtet und informiert über das Leben Shaws, der mit 20 seine Heimat verließ, weil die literarische Welt Londons ihm bessere Chancen versprach. *33 Synge St. | Mai–Sept. Mo, Di, Do, Fr 10–13, 14–17, Sa, So 14–17 Uhr | Eintritt 7,25 Euro | Bus: 16, 16A, 19, 19A, 122 bis Camden St.*

Insider Tipp **3 IVEAGH GARDEN** [120 C3]

Mitten in der Innenstadt Dublins liegt eine kaum beachtete Oase der Ruhe. Iveagh Garden fehlt vielleicht die Blütenpracht des benachbarten St. Stephen's Green, aber es gibt viele Bäume, zwei schöne, von Engelsfiguren getragene Brunnen und weite Rasenflächen für Frisbeespieler. *Eingänge Clonmel St. und Hatch St. Upper | Luas: Harcourt*

4 LEINSTER HOUSE [115 E5]

Das Domizil des irischen Parlaments wurde 1745 in klassizistischem Stil als Residenz des Grafen von Kildare errichtet. Hier tagen Unterhaus, genannt *Dail*, und Oberhaus, der *Seanad*. Iren behaupten gern, dass das Gebäude für das Weiße Haus in Washington, ein Werk des Iren James Hoban, Pate stand. *Kildare St. | Eintritt frei außerhalb der Sitzungszeiten | Bus: Nassau St./St. Stephen's Green*

5 MANSION HOUSE [115 D5]

Die repräsentative Residenz, die ein Kaufmann namens Dawson 1710 bauen ließ, gefiel dem Stadtrat so gut, dass er sie 1715 kaufte und seitdem als Wohnsitz des Bürgermeisters nutzt. Der runde Saal, in dem 1919 das neue irische Parlament seine erste Sitzung abhielt, wurde 1824 eigens für den Besuch von König George IV. gebaut. *Dawson St. | keine Besichtigung | Luas/Bus: St. Stephen's Green*

6 MERRION SQUARE ⭐ [115 F5–6]

Seit den 1770er-Jahren ist Merrion Square eine der feinsten Adressen

Rubens hängen in den prachtvollen Sälen aus dem 19. Jh. Britische und irische Künstler bilden einen Schwerpunkt, etwa Porträtmaler wie Thomas Gainsborough und Joshua Reynolds sowie der bedeutendste irische Künstler des 20. Jhs., Jack Butler Yeats. Die *National Portrait Collection* zeigt Porträts führender Persönlichkeiten der irischen Gesellschaft. Im neuen Flügel der Nationalgalerie gibt es ein beliebtes Museumscafé. *Mo–Sa 9.30–17.30 (Do bis 20.30), So 12–17.30 Uhr | Merrion Square West und Clare St. | Eintritt frei | www.nationalgallery.ie | Bus: Merrion Square*

8 NATIONAL LIBRARY [115 E5] *Insider Tipp*

Direkt nördlich von Leinster House steht die National Library, ein herrlicher Bau aus dem 19. Jh. Von der reich verzierten Eingangshalle führt eine Treppe zum großen Lesesaal mit Glasdach, Puttenfries in leuchtenden Farben und Stuckdecke. Zur originalen Möblierung gehören Regale mit Holzschnitzereien und Tische mit grünen Leselampen. *Kildare St. | Mo bis Fr 10–17, Sa 10–13 Uhr | Bus: Nassau St./St. Stephen's Green*

Dublins. Hier wohnten Daniel O'Connell (Nr. 58), William Butler Yeats (Nr. 84), in Nr. 2 an der Nordostecke, heute *American College* und nur unregelmäßig öffentlich zugänglich, die Familie von Oscar Wilde. Direkt gegenüber aalt sich der Dandy und Literat mit provokativer Lässigkeit auf einem Stein und blickt auf sein Elternhaus. Wunderschön ist der Park in der Platzmitte. *Bus: Merrion Square*

7 NATIONAL GALLERY ⭐ [115 E5]

Die hochkarätige Kunstsammlung umfasst Meisterwerke aus ganz Europa vom 14. bis 20. Jh. Sehenswert ist vor allem die italienische Kunst mit Werken von Fra Angelico, Tizian und Michelangelo Caravaggio. Auch Werke spanischer Maler wie Diego Velazquez, Francisco de Goya und Pablo Picasso, französischer Meister wie Nicolas Poussin und die Impressionisten sowie deutsche und niederländische Gemälde z.B. von Emil Nolde und Peter Paul

9 NATIONAL MUSEUM – ARCHAEOLOGY ⭐ [115 E5]

Wollte man eine Arche mit Gegenständen füllen, die die Geschichte Irlands dokumentieren, könnte man getrost die Exponate dieses Museums aufladen. Aus der Bronzezeit sind außer gut erhaltenen Waffen und Hörnern zum Musizieren wirklich erstaunliche Goldschätze zu sehen: wunderbar verarbeitete Kragen, Armreife, Ohrschmuck aus Goldplatten und Drahtgold. Zu den Kostbarkeiten aus der Zeit des frühen Christentums gehören der etwa 1200 Jahre alte *Ardagh*-Kelch und die mit keltischen Mustern gearbeitete *Tara Brooch*, eine um 700 entstandene Fibel. Eine Moorleiche, ein 15 m langer Einbaum aus der Zeit um 2500 v. Chr., Wikingerfunde und Mittelalterliches sind weitere Höhepunkte. Das Museum besitzt auch eine gute ägyptologische Sammlung. *Di–Sa 10–17, So 14–17 Uhr | Kildare St. | Eintritt frei | www.museum.ie | Bus: Merrion Square, St. Stephen's Green*

10 NATURAL HISTORY MUSEUM [115 E5]

Das Museum wird zur Zeit aufwendig renoviert. Einen Termin für die Wiedereröffnung gibt es noch nicht. *Merrion St. | www.museum.ie | Bus: Merrion Square, St. Stephen's Green*

11 NUMBER 29 – GEORGIAN HOUSE MUSEUM ★ [115 F6]

Die fünf restaurierten und möblierten Etagen des Stadthauses zeigen das Le-

ben wohlhabender Dubliner um 1800. Die Führungen beleuchten, was sich in der Küche und dem Zimmer der Haushälterin im Souterrain, in den kostbar möblierten Ess- und Wohnzimmern und den Schlaf- und Kinderzimmern in der oberen Etage tat. *Nur mit Führung Di–Sa 10–17, So 12–17 Uhr | 29 Fitzwilliam St. Lower | 6 Euro | www.esb.ie/main/about_esb/house29.jsp | Bus: Merrion Square*

12 ROYAL HIBERNIAN ACADEMY GALLAGHER GALLERY ▶▶ [115 E6]

Die ehrwürdige Kunstakademie bietet in ihrer *Gallagher Gallery* wechselnde Ausstellungen bedeutender moderner und zeitgenössischer Künstler. *Di–Sa 11–17, So 14–17 Uhr | 15 Ely Place | www.royalhibernianacademy.com | Eintritt frei | Luas/Bus: St. Stephen's Green*

13 ST. STEPHEN'S GREEN [115 D6]

Von der ursprünglichen Bebauung im Stil des 18. Jhs. ist an der Ostseite

Grünes Fleckchen für jedermann dank Guinness-Gönner: St. Stephen's Green

des Platzes noch vieles erhalten. Die anderen Seiten belegen in unterschiedlichem Maß die Planungsfehler seit den 1960er-Jahren, Sehenswertes bleibt dennoch. Das imposante *Royal College of Surgeons* an der Westseite, das noch Spuren der Kämpfe während der Rebellion von 1916 trägt. In der katholischen Universität *Newman House* an der Südseite studierte James Joyce *(Juni bis Aug. Di–Fr 14–17, Führungen 14, 15, 16 Uhr | 5 Euro)*. Direkt nebenan liegt die *University Church*, ein kleines Juwel im neubyzantinischen Stil des 19. Jhs. Am schönsten ist der in den 1850er-Jahren als Privatfläche angelegte Park in der Platzmitte. Seit den 1880er-Jahren ist er dank der Großzügigkeit von Lord Ardilaun aus der Guinness-Familie für alle zugänglich. *Luas/Bus: St. Stephen's Green*

Insider Tipp

TEMPLE BAR & TRINITY COLLEGE

> *Temple Bar* ist sowohl Kultur- als auch Ausgehviertel. Die kleinen Gassen und Häuser des alten Kaufmannsviertels sollten in den 1980er-Jahren einem riesigen neuen Busbahnhof weichen. Doch in der maroden Gegend siedelte sich eine kreative Szene an, das Potenzial des Gebiets am River Liffey wurde erkannt und eine behutsame Sanierung hat den Charakter von Temple Bar erhalten. Tagsüber herrscht in den Cafés und in Geschäften mit individuellem Flair, z. B. Designer- und Musikläden, eine lockere Stimmung; abends ist der Stadtteil teils ein echtes Kulturviertel für Film- und Musikfans, teils eine recht laute, auch berüchtigte Partylocation. Direkt neben dem Trubel von Temple Bar liegen zwei ehrwürdige Institutionen: die *Bank of Ireland* im ehemaligen Parlamentsgebäude und die alte Universität *Trinity College,* eine der bedeutenden Besucherattraktionen Dublins.

1 BANK OF IRELAND [115 D4]

Das Bankgebäude mit den imposanten Fassaden diente im 18. Jh. als irisches Parlament. Jeder darf hineinspazieren, um die wunderschöne Schalterhalle zu bewundern oder sich an den Kaminfeuern in den Fluren zu wärmen. Besuchern mit entsprechenden Englischkenntnissen vermittelt eine Führung vieles über die irische Geschichte und gewährt Einlass in den Saal des Oberhauses mit Kristallleuchtern, Wandteppichen und der Täfelung aus irischer Eiche. *College Green | Schalterhalle Mo–Fr 10–16, kostenlose Führung nur Di 10.30, 11.30, 13.45 Uhr | Bus: Nassau St.*

2 GALLERY OF PHOTOGRAPHY ▶▶ [114 C4]

Diese Galerie mitten in Temple Bar ist Irlands führende Adresse für zeitgenössische Fotografie. Vor allem irische Fotografen stellen in diesen Räumen ihre aktuellen Arbeiten aus. Angeschlossen ist eine gute Fotobuchhandlung. Auf der gegenüberliegenden Seite des Platzes liegt das *Photographic Archive*, das ebenfalls mit kostenlosen Wechselausstellungen glänzt. *Di–Sa 11–18, So 13–18 Uhr | Meeting House Square | http:// galleryofphotography.ie/ | Bus: Temple Bar*

TEMPLE BAR & TRINITY COLLEGE

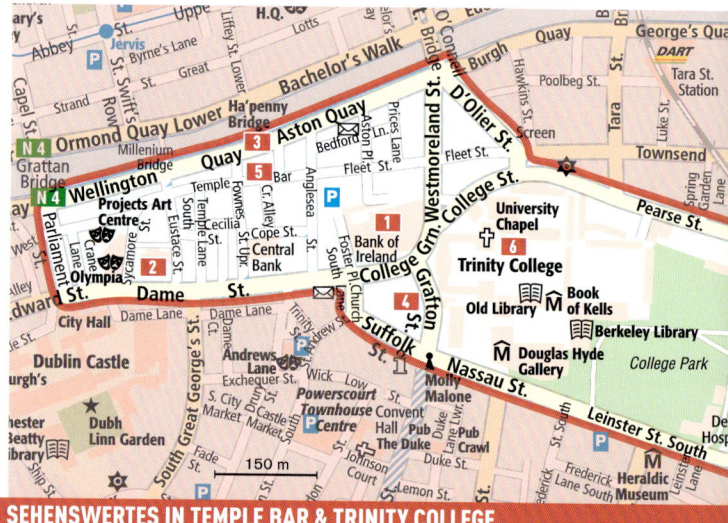

SEHENSWERTES IN TEMPLE BAR & TRINITY COLLEGE

1 Bank of Ireland
2 Gallery of Photography
3 Halfpenny Bridge
4 Molly Malone
5 Temple Bar Square
6 Trinity College

3 HALFPENNY BRIDGE [114 C3]

Die Brücke wurde 1816 zwar als Wellington Bridge errichtet, doch die bis 1919 erhobene Nutzungsgebühr gab ihr den bis heute üblichen Namen – ausgesprochen „Ha'penny". Die schöne gusseiserne Brücke verbindet Kneipen und Clubs nördlich der Liffey mit dem steinernen Torbogen *Merchants Arch,* der ins Viertel Temple Bar führt. *Bus: Aston Quay*

4 MOLLY MALONE [115 D4]

Die Ballade über die Schönheit mit dem tiefen Dekolleté kennt jeder Ire: „In Dublin's fair city, where girls are so pretty, I first set my eyes on sweet Molly Malone ..." Tagsüber verkaufte sie Meeresfrüchte, nachts ihre körperlichen Reize an Freier. Der Legende nach war Molly die Tochter eines Fischhändlers aus der Fishamble Street in Temple Bar, die 1699 starb. Doch es gibt keine Belege dafür, dass sie wirklich lebte. *Westseite der Grafton St. nahe dem Eingang zu Trinity College, Bus: Nassau St.*

5 TEMPLE BAR SQUARE ▶▶ [114 C4]

Rund um diesen kleinen Platz schlägt das Herz von Temple Bar. Auf allen Seiten locken Kneipen und Restaurants. Abends gibt es Livemusik in vielen Lokalen, und Nachwuchstalente, die keine Gage in Kneipen verdienen, versuchen ihr Glück auf der Straße. Am Wochenende suchen die meisten Dubliner ihre Unterhaltung lieber anderswo, aber tagsüber und unter der Woche geben sich Temple

Bar Square und die angrenzenden Gassen kultiviert. Kultur ist von hier aus immer zum Greifen nah: Das *Irish Film Institute* mit Programmkino ist nur zwei Minuten entfernt in der Eustace Street, das *Project Arts Centre* mit zwei Bühnen und Galerie liegt westlich in der East Essex Street und das *Temple Bar Music Centre* mit Studios und Konzertraum residiert gleich um die Ecke in der Curved Street. Am Wochenende wird ein kleiner Büchermarkt auf dem Platz abgehalten. Weitere Infos: *www.visit-templebar.com* | *Bus: Aston Quay, Dame St.*

6 TRINITY COLLEGE ⭐ ▶▶ [115 D4]

Jeder darf kostenlos um die alten Höfe der 1592 gegründeten Universität mit ihren grauen klassizistischen Fassaden spazieren. Zu ihren berühmten Ehemaligen gehören Schriftsteller wie Jonathan Swift, Dracula-Autor Bram Stoker, Oscar Wilde und Samuel Beckett.

Kostenpflichtig sind zwei besondere Höhepunkte des College: das *Book of Kells* und die Bibliothek aus dem 18. Jh. Das Book of Kells ist eine 680 Seiten starke, phantasievoll dekorierte und bebilderte Handschrift der vier Evangelien, die um das Jahr 800 möglicherweise auf der schottischen Insel Iona entstand und zum Schutz vor Wikingerüberfällen dem Kloster Kells in der Grafschaft Meath übergeben wurde. Die visuell sehr ansprechende Ausstellung beleuchtet viele Aspekte des Evangeliars, von der Herstellung der Farbpigmente und des Kalbsleders über die Symbolik bis hin zum Leben in den Klöstern. Eine Treppe führt hinauf zum großartigen *Long Room*, in

Kultur ist von hier aus immer zum Greifen nah: Bücherflohmarkt am Temple Bar Square

dem rund 200 000 Bücher aufbewahrt werden. Besonders eindrucksvoll ist der Blick auf die Holzschnitzereien der hohen Regale und das Tonnengewölbe, unter dem sich die Büsten irischer Schriftsteller und Wissenschaftler aufreihen. Im Long Room steht auch die älteste irische Harfe aus dem späten Mittelalter. *College St. | Mo–Sa 9.30–17, So Mai–Sept. 9.30–16.30, Okt.–April 12–16.30) Uhr | www.tcd.ie | 9 Euro für Book of Kells und Long Room | Bus: Nassau St.*

HISTORISCHER STADTKERN

> Im Mittelalter breitete sich die Handelsstadt Dublin an den Höhen südlich der Lif-

Feinste Buchkunst: Chester Beatty Library

fey aus. **Die alte Hauptstraße existiert noch als Verkehrsachse Dame Street – Lord Edward Street – High Street.** Links und rechts davon stehen Zeugnisse einer bewegten Vergangenheit wie die beiden mittelalterlichen Kathedralen und *Dublin Castle,* von wo aus die Engländer 750 Jahre lang Irland zu regieren versuchten. Heute hat die Gegend einen recht gemischten Charakter, ist teilweise Einkaufs- und Touristenviertel, besitzt aber auch Bürogebäude und einfache Wohnhäuser.

1 CITY HALL [114 B4]

Den klassizistischen Kuppelbau ließen Dubliner Kaufleute 1779 als Börse errichten. Seit 1851 ist er das Rathaus der Stadt. Beeindruckend ist die Kuppel im runden Saal. Hier steht eine 6 m hohe Statue Daniel O'Connells, der 1841 erster katholischer Bürgermeister seit der Reformation wurde. Der Gewölbekeller unterm Rathaus beherbergt eine Ausstellung zur Geschichte Dublins von den Anfängen bis heute. Die Infotafeln und audiovisuellen Vorführungen vermitteln ein recht detailliertes Bild der Stadt zur Zeit der Wikinger und Normannen, während des Mittelalters und zur Blütezeit im 18. Jh. Außerdem finden die Probleme der Stadtentwicklung im 19. und 20. Jh. Erwähnung. *Mo–Sa 10–17.15, So 14 bis 17 Uhr | Dame St./Ecke Parliament St. | Eintritt 4 Euro inkl. Audiogerät in Deutsch | Bus: Dame St. | www.dublin city.ie, „museums" auswählen*

2 CHESTER BEATTY LIBRARY ⭐ 🔊 [114 B5]

Das Museum der Buchkunst, ein Geschenk des amerikanischen Bergbau-

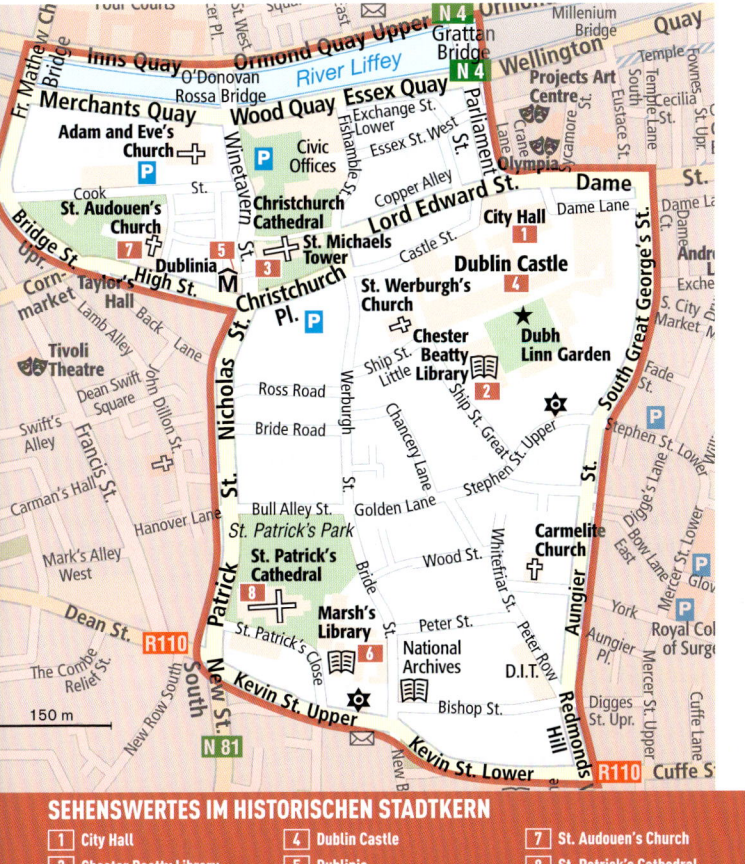

SEHENSWERTES IM HISTORISCHEN STADTKERN

1 City Hall	**4** Dublin Castle	**7** St. Audouen's Church
2 Chester Beatty Library	**5** Dublinia	**8** St. Patrick's Cathedral
3 Christ Church Cathedral	**6** Marsh's Library	

millionärs Sir Alfred Chester Beatty (1875–1968) an den irischen Staat, birgt einmalige Exponate aus etlichen Kulturkreisen. Zu den Höhepunkten zählen unter anderem Papyrus-Schriften der Evangelien von Markus und Lukas aus der Zeit um das Jahr 200, kostbare Exemplare des Korans aus der Türkei, dem Iran und Indien, wunderschöne buddhistische und fernöstliche Buchkunst, darunter seltene Schriften auf Jade vom kaiserlichen Hof Chinas, sowie mittelalterliche Handschriften und frühe Exemplare europäischer Buchdruckerkunst.

Die Dauerausstellung besteht aus zwei Hauptabteilungen: eine für die sakrale und eine für die künstlerische Tradition der Buchkunst. In verschiedenen Wechselausstellungen präsentiert das Museum zudem regelmäßig weitere Schätze aus seinen Beständen, etwa Buchgrafik. *Di–Fr 10–17, Sa 11–17, So 13–17, Mai–Sept. auch Mo 10–17 Uhr | auf dem Gelände des Dublin Castle | Eingang Dame St. oder Ship St. | Eintritt frei | wwww.cbl.ie*

3 CHRIST CHURCH CATHEDRAL [114 B4]

Als einzige Stadt Europas besaß Dublin im Mittelalter zwei Kathedralen. St. Patrick's Cathedral wurde vermutlich in der Absicht gebaut, die ältere Christ Church Cathedral als Sitz des Bischofs abzulösen. Dies misslang, beide Kirchen behielten fortan den Status einer Kathedrale. Die mehr als 800 Jahre alte Christ Church Cathedral – anglikanisch wie St. Patrick's – erscheint seit einer umfassenden Restaurierung im 19. Jh. nahezu einheitlich im frühgotischen Stil. Nur Teile der Querhäu-

ser zeigen noch romanische Elemente aus der Zeit um 1171, als der Normanne Richard de Clare, genannt Strongbow, einen älteren Holzbau in Stein neu errichten ließ. Das Grab von Strongbow im Südschiff war einst der Ort, an dem Eide abgelegt oder Vereinbarungen unter Kaufleuten geschlossen wurden.

Die Kathedrale wartet mit zwei Kuriositäten auf: Eine Vitrine in der Krypta zeigt eine mumifizierte Katze und Ratte, die in einer Orgelpfeife gefunden wurden. In der Friedenskapelle im Südosten hängt zudem ein herzförmiges Reliquiar aus Eisen, das das Herz des 1180 verstorbenen und 1230 heiliggesprochenen Erzbischofs Laurence O'Toole birgt. In der Krypta sind weiterhin Kirchenschätze, Grabmonumente sowie ein Film über die Baugeschichte zu sehen. *Christchurch Place | tgl. 9.45–17, Juni–Aug. 9–18 Uhr, keine Besichtigung während der Messe | 6 Euro | www.cccdub.ie | Bus: Lord Edward St.*

Insider Tipp

4 DUBLIN CASTLE ⭐ [114 B4]

Nur ein einziger mächtiger Rundturm aus der Gründungszeit im frühen 13. Jh. überstand die Explosion des Pulverlagers im 17. Jh. An Stelle der alten Burg entstand ein prächtiger Palast für die Vizekönige. 1922 ging die Burg in den Besitz des unabhängigen irischen Staats über, der ihn zu

Uhr | 4,50 Euro | www.dublincastle.ie | Bus: Dame St.

5 DUBLINIA [114 A4]

Hier tauchen Sie ein in die Wikinger- und Normannenzeit, aber auch in das

Die britischen Vizekönige sind längst weg, ihre Pracht blieb: Drawing Room in Dublin Castle

Repräsentationszwecken nutzt. Teppiche aus Donegal und Leuchter aus Waterford Crystal stehen für das neue Irland, aber auch die Porträts der britischen Vizekönige hängen noch. Während der einstündigen Führung sehen Besucher Prunksäle des 18. und 19. Jh., darunter den glitzernden Ballsaal, den Thronsaal und den Bankettsaal mit vergoldetem Mobiliar. Die unterirdische Besichtigung der Stadtmauer aus der Wikingerzeit und des Turms von 1234 schließen die Führung ab. *Dame St. | Mo–Fr 10–16.45, Sa–So 14–16.45*

Mittelalter. Die Ausstellung in dem schönen neugotischen Bau, der früher als Synodensaal der Kathedrale diente, besteht hauptsächlich aus nachgebauten Szenen und audiovisuellen Displays. Dennoch lohnt sich der Besuch, vor allem wegen der anschaulichen Darstellung des Lebens der Wikinger mit Schiff, Werkzeugen und Waffen. *April–Sept. tgl. 10–17, Okt.–März Mo–Fr 11–16, Sa–So 10 bis 16 Uhr | High St., gegenüber Christ Church Cathedral | Eintritt 6,25 Euro | www.dublinia.ie | Bus: Lord Edward St.*

6 MARSH'S LIBRARY [114 B6]

Nahe St. Patrick's Cathedral liegt die wunderschöne Marsh's Library von 1701. Sie ist die älteste öffentliche Bibliothek Irlands. Zehntausende Bücher und Handschriften stehen in prunkvollen klassizistischen Rega-len, die Mitra und Blume als Symbole des Gründers, Erzbischof Narcissus Marsh, zieren. *St. Patrick's Close | Mo, Mi–Fr 10–13, 14–17, Sa 10.30–13 Uhr | 2,50 Euro | www.marshlibrary.ie | Bus: 49, 49A, 49B, 50, 54A, 56A, 65, 65B, 77, 77A ab Eden Quay*

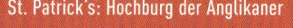

St. Patrick's: Hochburg der Anglikaner

7 ST. AUDOUEN'S CHURCH [114 A4]

Zwei recht unterschiedliche Kirchen haben beide den normannischen Heiligen Ouen als Namenspatron. Die klassizistische Fassade rechts gehört einer katholischen Kirche aus dem 19. Jh. Die unscheinbare anglikanische Kirche links ist eine Gründung aus dem Jahr 1190, ihre wechselvolle Geschichte erläutert das angeschlossene Besucherzentrum. Volkstümliches Highlight der Besichtigung ist der *Lucky Stone*, ein angeblich Glück bringender Grabstein aus dem 7. Jh., den Generationen von Gläubigen geküsst und angefasst haben. *High St. | Besucherzentrum Mai–Okt. tgl. 9.30 bis 17.30 Uhr | Bus: Lord Edward St.*

8 ST. PATRICK'S CATHEDRAL ★ [114 B6]

Die anglikanische St. Patrick's Cathedral wirkt wie eine Hochburg der anglo-irischen Familien, die Irland über Jahrhunderte beherrschten. Zahlreiche Grabmäler von Würdenträgern und Denkmäler, die an die Kriege des British Empire in China und Birma erinnern, sind im Innenraum zu sehen. Die Kathedrale entstand im frühen 13. Jh. im gotischen Stil an der Stelle älterer Bauten, die möglicherweise auf eine Holzkirche des hl. Patrick zurückgehen. Beeindruckend ist das vierstöckige Grabmal der Familie Boyle, viel besucht das Denkmal für den Schriftsteller Jonathan Swift, der einst auch Dekan der Kathedrale war. Zur Holztür im nördlichen Querhaus gehört eine ungewöhnliche Geschichte: Während einer Fehde zwischen den Grafen von Ormond und Kildare 1492 verschanzte sich Ormond im Kapitelhaus der Kathedrale. Kildare wollte den Konflikt beenden, schlug ein Loch in die Tür und reichte als Zeichen der Friedfertigkeit seinen Arm hindurch.

St. Patrick's Park neben der Kathedrale, der Überlieferung nach der Ort, an dem Patrick um 450 Menschen zum Christentum bekehrt und getauft haben soll, ist ein angenehmer Platz für eine Pause. Nischen in der Mauer an der Ostseite des Parks sind großen irischen Schriftstellern gewidmet. *St. Patrick's Close | Mo bis Sa 9–18, So 9–11, 12.45–15,* *16.15–18 Uhr | Eintritt 5,50 Euro | www.stpatrickscathedral.ie | Bus: 49, 49A, 49B, 50, 54A, 56A, 65, 65B, 77, 77A ab Eden Quay*

NORTHSIDE

> Die Gegend am Nordufer der Liffey vereint in sich verschiedene Seiten der irischen Hauptstadt. Hier sind Reste des mittelalterlichen Dublin wie St. Michan's Church und des georgianischen Dublin wie das Custom House oder stattliche Häuser des 18. Jhs. erhalten. In unmittelbarer Nähe des Flusses zeugen schicke Hotels und Bars von den Wachstumsjahren Dublins als Finanzplatz, während einige Straßen weiter alte Pracht noch auf ihre Restaurierung wartet und die Kaufhäuser der kleinen Leute mit Tiefpreisen locken. Für den Besucher bietet dieser Stadtteil eine lebhafte und bunte Mischung mit einigen interessanten Museen,

> BLOGS & PODCASTS
Gute Tagebücher und Files im Internet

> *www.visitdublin.com/iwalks* – Dublin Tourism hat eine Reihe von geführten Spaziergängen als kostenlose Podcasts zum Downloaden erarbeitet. Bisher gibt es zwei auf Deutsch. Zehn weitere auf Englisch erschließen Ihnen die ganze Stadt. Das Dublin Video auf dieser Seite ist übrigens besser als die meisten Werbefilme dieser Art.

> *www.lastfm.de/tag/irish* – Videos und Infos über irische Bands und Musik

> *http://ie.youtube.com/* – Um irische Sportarten zu sehen, geben Sie als Stichwort z. B. *Hurling* oder *Gaelic Football* ein; für das Leben in Dublin z. B. *Temple Bar* oder *St. Stephen's Green;* für Geschichte etwa *Easter Rising 1916.*

> *www.dublinblog.ie* – Der Blog der Dublin Community ist lebhaft und ehrlich – zu Themen, die Einwohner und Besucher gleichermaßen interessieren, z. B. Biergärten, St. Patrick's Day, Ausgehen, Kulturszene ...

Für den Inhalt der Blogs & Podcasts übernimmt die MARCO POLO Redaktion keine Verantwortung.

der Prachtstraße *O'Connell Street* und führenden Theatern.

🔲 CUSTOM HOUSE [115 E2]

Das vielleicht prächtigste Bauwerk der Blütezeit des georgianischen Dublin, das 1791 vollendete Zollhaus, schuf der irische Architekt James Gandon. Schauen Sie nicht nur auf die mehr als 100 m breite Fassade an der Liffey, den hohen Turm mit der Kuppel und der allegorischen Figur des Kommerz', sondern achten Sie auch auf den schönen Skulpturenschmuck, etwa die 14 Köpfe, die Irlands Flüsse symbolisieren, die Figuren *Hibernia* (Irland) und *Britannia* im Pediment sowie die Rinderköpfe, die für den einst blühenden Rindfleischhandel stehen. Der beste Blick auf das ganze Gebäude bietet sich von der *Talbot Memorial Bridge* östlich der Eisenbahnbrücke. *Custom House Quay, Innenbesichtigung z. Z. nicht möglich, DART: Connolly/Tara St.*

🔲 DUBLIN WRITERS MUSEUM [118 C5]

Die Ausstellung in zwei georgianischen Häusern widmet sich dem ganzen Stolz der Iren: ihrer großartigen literarischen Tradition. Hier können Sie sich über Leben und Werk der Nobelpreisträger William Butler Yeats, George Bernard Shaw und Samuel Beckett informieren. Auch Oscar Wilde, James Joyce und Dramatiker wie Richard Brinsley Sheridan und Brendan Behan kommen nicht zu kurz. Die Geschichte der irischen Literatur wird hier ebenso gezeigt wie Kuriositäten, z. B. ein Brief von George Bernard Shaw, in dem er sich weigert, ein Autogramm zu geben, den Brief aber eigenhändig unterschreibt. Zum Museum gehören auch ein nettes Café mit Gartenterrasse und eine gut sortierte Buchhandlung. Wer ein schönes georgianisches Interieur erleben will, kann Café und Buchhandlung aufsuchen, ohne Museumseintritt zahlen zu müssen. Das *Irish Writers Centre* im Nachbarhaus

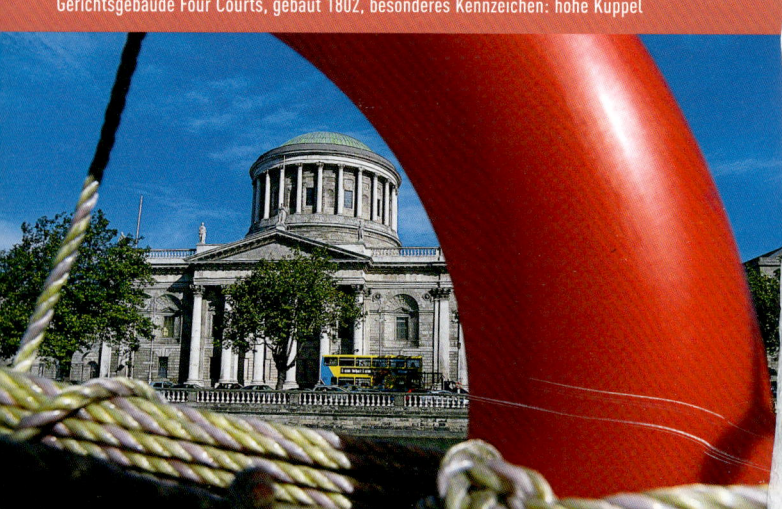

Gerichtsgebäude Four Courts, gebaut 1802, besonderes Kennzeichen: hohe Kuppel

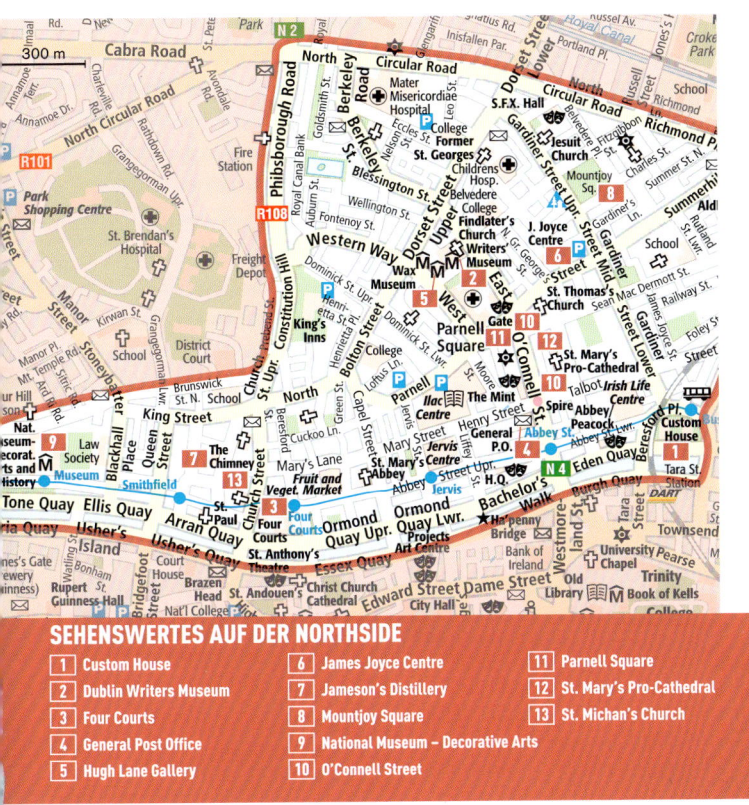

SEHENSWERTES

SEHENSWERTES AUF DER NORTHSIDE

1 Custom House
2 Dublin Writers Museum
3 Four Courts
4 General Post Office
5 Hugh Lane Gallery
6 James Joyce Centre
7 Jameson's Distillery
8 Mountjoy Square
9 National Museum – Decorative Arts
10 O'Connell Street
11 Parnell Square
12 St. Mary's Pro-Cathedral
13 St. Michan's Church

Nr. 19 veranstaltet Lesungen und Seminare. *Mo–Sa 10–17 (Juni–Aug. bis 18), So 11–17 Uhr | 18 Parnell Square | Eintritt 7,25 Euro, Kombiticket für 12,50 Euro für das Dublin Writers Museum und den Shaw Birthplace oder das James Joyce Museum | www.writersmuseum.com | Bus: Parnell Square*

3 FOUR COURTS   [114 A3]

Das im Jahr 1802 nach 16-jähriger Bauzeit fertig gestellte Gerichtsgebäude mit seiner hohen Kuppel ist ein auffälliges Wahrzeichen am Nordufer der Liffey. Im Bürgerkrieg von 1921 wurde es schwer beschädigt: Gegner des Vertrags mit Großbritannien verschanzten sich im Gebäude, bis Artilleriebeschuss durch Truppen der neuen Regierung sie zur Aufgabe zwang. Heute sind die Four Courts längst wieder hergestellt und erneut Standort der Gerichte. *Inns Quay | öffentlich zugänglich, aber keine Führungen | Luas: Four Courts*

▪4 GENERAL POST OFFICE [115 D2]

Das Hauptpostamt hat als einstiges Hauptquartier der Aufständischen von Ostern 1916 den Status eines nationalen Heiligtums und lohnt einen Besuch, auch wenn Sie keine Briefmarken kaufen möchten. Nach der Zerstörung 1916 ließ die irische Regierung das klassizistische Gebäude in Stand setzen. Die Schalter, Briefkästen und Tische sind aus Marmor, dunklem Holz und glänzendem Messing. Außen sind noch Einschusslöcher zu sehen. *O'Connell St,. während der Schalterstunden zugänglich | Bus: O'Connell St*

▪5 THE HUGH LANE GALLERY ⭐ [114 C1]

Von Impressionisten wie Monet, Manet und Degas bis hin zu Gegenwartskünstlern reicht das Spektrum der Exponate des vom Sammler Sir Hugh Lane gegründeten städtischen Kunstmuseums. Die aristokratische Residenz Charlemont House aus dem 18. Jh. bildet den würdigen Rahmen dafür. Die Galerie stellt zeitgenössische irische und internationale Künstler aus und erwarb das komplette Londoner Studio samt kreativchaotischer Einrichtung des in Dublin geborenen Francis Bacon (1909 bis 92). *Di–Do 10–18, Fr–Sa 10–17, So 11–17 Uhr | Parnell Square North | Eintritt zur Dauerausstellung frei, zum Francis Bacon Studio 7 Euro | www.hughlane.ie | Bus: Parnell Square*

▪6 JAMES JOYCE CENTRE ▶▶ [118 C5]

Die Ausstellung im georgianischen Stadthaus nahe dem Dublin Writers Museum beleuchtet Leben und Werk James Joyces. Es werden auch wechselnde Kunstausstellungen sowie Vorträge, Seminare und geführte Spaziergänge geboten. *35 North Great George's St. | Di–Sa 10–17 Uhr | Eintritt 5 Euro | Bus: O'Connell St.*

▪7 JAMESON´S DISTILLERY UND SMITHFIELD CHIMNEY [120 B1]

Das Besucherzentrum in einer stillgelegten Destillerie bietet einen recht guten Einblick in die hohe Kunst des Whiskeybrennens. Die Führung mit Kostprobe hält sich zwar mit Werbung nicht zurück, ist aber dennoch unterhaltsam und informativ. Der nahezu 60 m hohe Schornstein der Brennerei bekam einen Aufzug und eine gläserne ✹ Aussichtsplattform. Von hier aus reicht der Blick vom sanierten Smithfield, wo neue Wohnungen geschickt in die Altbau-

>LOW BUDGET

> Diese herausragenden Dubliner Sammlungen gewähren stets freien Eintritt: Das *National Museum – Archaeology,* das *National Museum – Decorative Arts and History,* die *National Gallery,* das *Natural History Museum,* die *Chester Beatty Library,* das *Irish Museum of Modern Art* und die *Hugh Lane Gallery.*

> *Dublin Bus* bietet verschiedene günstige Pässe, z. B. das 3-Tage *Rambler Ticket* für alle Linien inkl. Flughafenbusse 747 und 748 *(11,50 Euro);* das 3-Tage *Freedom Ticket (25 Euro)* umfasst auch die Rundfahrten mit Kommentar. Erhältlich am Flughafen und 59 Upper O'Connell Street.

ten um die Jameson's Whiskeybrennerei integriert wurden, zur Liffey und zur Stadtmitte. *Smithfield Village | Distillery tgl. 9.30–18 Uhr | Eintritt 12,50 Euro; Chimney Mo–Sa 10 bis 17.30, So 11–17.30 Uhr | Eintritt 5 Euro | Luas: Smithfield*

9 NATIONAL MUSEUM – DECORATIVE ARTS AND HISTORY ⭐ [120 A1]

Die prächtig restaurierten *Collins Barracks* aus dem 18. und 19. Jh. dienten fast 300 Jahre lang als Kaserne. Seit 1997 beherbergen sie eine bedeutende Sammlung, die alle Be-

Blitzeblank: Bei Jameson's gilt das Reinheitsgebot nicht nur für Whiskey

8 MOUNTJOY SQUARE [118–119 C–D4]

Im Gegensatz zu den eleganten Plätzen südlich der Liffey liegt der Mountjoy Square in keiner wohlhabenden Gegend. So lohnt sich der kurze Spaziergang von Parnell Square hierher um einen Eindruck georgianischer Architektur zu bekommen, die nicht fein herausgeputzt ist, sondern eine Wohngegend für normale Bürger, teils gepflegt, teils leicht heruntergekommen. *Bus: O'Connell St.*

reiche der angewandten Kunst umfasst. Die ausgedehnte Gebäudegruppe um einen Hof bietet Platz für Waffen, Möbel, Keramik, Mode, Silber und Glas aus vielen Jahrhunderten. Irische Volkskunst ist dabei stark vertreten, aber auch z. B. chinesisches Porzellan und europäisches Kunsthandwerk. Sonderausstellungen beleuchten verschiedene Themen der irischen Geschichte.

Gute Anregungen für den Besuch bietet der *Curator's Room.* Hier zei-

Insider Tipp

gen und erklären die Museumskuratoren ihre Lieblingsstücke. *Di–Sa 10–17, So 14–17 Uhr | Benburb St. | Eintritt frei | www.museum.ie | Luas:* streifen ist das *Monument of Light*, auch *Millennium Spire* genannt, eine 120 m hohe, beeindruckende Nadel aus glänzendem Stahl, die nachts

Ob ihm die Millennium Spire gefällt? James Joyce hüllt sich in Schweigen

Museum, Bus 90 ab Aston Quay, 25, 66 und 67 ab Wellington Quay

10 O`CONNELL STREET ⭐ **[115 D1–3]**
Dublins einzige repräsentative Straße ehrt einen begabten Redner, der in der ersten Hälfte des 19. Jhs. die Gleichstellung der Katholiken erkämpfte. Daniel O'Connell (1775 bis 1847) thront am südlichen Ende der Straße auf einem imposanten Denkmal. Bis 2007 wurde der Boulevard neu gepflastert und generalsaniert, damit er endlich wieder die Bezeichnung Prachtstraße verdient. Das auffälligste Denkmal auf dem Mittel-

über Dublins Dächern funkelt. Bis 1966 blickte an dieser Stelle Admiral Nelson von einer Säule herunter, doch zum 50. Jahrestag des Osteraufstandes von 1916 sprengte die IRA das Symbol britischer Herrschaft in die Luft.

Etwas weiter nördlich hält die Plastik von *Father Matthew* mahnend die rechte Hand hoch. Mitte des 19. Jhs. predigte der Karmelitermönch vor Massenversammlungen den Verzicht auf Alkohol. Der Erfolg war mäßig: In Europa trinken derzeit nur die Finnen mehr Alkohol als die Iren. Heute ist Dublins Southside zwar schicker als O'Connell Street, aber das Kaufhaus *Clery's* und *Gresham Hotel* erinnern noch an die alten, eleganten Zeiten.

11 PARNELL SQUARE [114 C1]

Charles Stewart Parnell (1849–91) kämpfte für die gerechte Behandlung der irischen Landbevölkerung und für ein eigenes irisches Parlament. Sein Denkmal am Nordende der O'Connell Street markiert die Südostecke des Parnell Square. Das 1752 errichtete Geburtskrankenhaus *Maternity Hospital* besetzt die südliche Platzmitte. Im Rundbau daneben, heute ein Konzertsaal, versammelte sich einst die feine Gesellschaft, um die Pflegekosten zusammenzubringen. Die nördliche Platzhälfte nimmt der *Garden of Remembrance* ein, eine Gedenkstätte für alle, die für die Unabhängigkeit Irlands starben. Mit Blumenrabatten und Sitzbänken um ein kreuzförmiges Wasserbecken bietet der Garten die beste Gelegenheit, sich nahe der O'Connell Street in der Sonne auszuruhen. *Bus: Parnell Square*

Insider Tipp

12 ST. MARY'S PRO-CATHEDRAL [115 D2]

Die römisch-katholische Kathedrale liegt versteckt in einer Seitenstraße. Erst nach der Emanzipation der Katholiken 1829 durften ihre Kirchen auch im Stadtbild auffällig werden. St. Mary's entstand ab 1816 im griechischen Stil und hat bescheidene Ausmaße. Zur Sonntagsmesse singt der ausgezeichnete Palestrina-Chor (11 Uhr). *Marlborough St. | Bus: O'Connell St.*

Insider Tipp

13 ST. MICHAN'S CHURCH [114 A3]

Eigentliche Attraktion dieser Kirche von 1685 ist nicht die schöne Innen-

> BÜCHER & FILME

Schonungslos und unterhaltsam: Dubliner Porträts

> **Dubliners** – James Joyces Porträt der Stadt vor 100 Jahren – leichter zu lesen als die späteren Werke des Autors. In seinen 15 Kurzgeschichten schonte Joyce seine Landsleute nicht.

> **Ulysses** – Dieses Buch von James Joyce prägte die gesamte Literatur des 20. Jhs. und verewigte Dublin als spannende Kulisse. Anspruchsvoll, aber wer es gelesen hat, sieht die Stadt – und vielleicht auch das Leben – mit anderen Augen.

> **Dublin – ein Reisebegleiter** – Literatur zur Literatur: Das Buch von Hans-Christian Oeser nimmt Sie an der Hand und spaziert mit Ihnen quer durchs literarische Dublin.

> **Die Barrytown-Trilogie** – Ob als Kinofilm oder Buch, Roddy Doyles Trilogie ist ein nachdenklich stimmendes, dabei aber höchst unterhaltsames Vergnügen. *Die Commitments, Fish & Chips* und *The Snapper* spielen in einer armen Trabantensiedlung Dublins. Humorvoll und einfühlsam schildert der ehemalige Lehrer Doyle Triumphe und Misserfolge seiner Landsleute in ihrem täglichen Überlebenskampf. Die Verfilmung der Commitments (1991) von Alan Parker hat mittlerweile Kultstatus.

einrichtung des 19. Jhs., sondern die Gewölbe darunter. In deren besonderer, trockener Luft verwesten die bestatteten Leichen kaum – was Besucher in den Genuss einer makabergruseligen Führung kommen lässt. Zu den ausgestellten Leichen gehört ein angeblich vor 650 Jahren verstorbener Kreuzfahrer. Umstritten bleibt, ob die Gruft tatsächlich aus dem Mittelalter stammt. *Church St. | Führungen Mo–Fr April–Okt. 10–12.45 und 14–16.45, Nov.–März 12.30–15.30, Sa ganzjährig 10–12.45 Uhr | 4 Euro | Luas: Four Courts*

AUSSERDEM SEHENSWERT

DOCKLANDS [115 F2]

Als Hafenbecken, Ankerplätze und Lagerkapazitäten an der Liffey nahe der Stadtmitte für moderne Handelsschiffe zu klein wurden, verkam das alte Hafenviertel nach und nach.

Doch wie in so vielen anderen europäischen Metropolen entdeckten auch die Dubliner den Reiz und die Exklusivität des Wohnens und Arbeitens direkt am Wasser. Am Ufer der Liffey entstand eine Großbaustelle, der immer mehr moderne Glas- und Stahlpaläste entwuchsen. Inzwischen gelten die sogenannten Docklands als Wahrzeichen des wohlhabenden Dublin.

Abgesehen von der Architektur sind auf der Nordseite der Liffey östlich des Custom House die *Famine Statues* sehenswert, bewegende moderne Plastiken, die an die schweren Hungersnöte der 1840er-Jahre erinnern. Über eine Million Iren starben, noch mehr wanderten aus. Der *Dreimaster Jeanie Johnston,* Nachbau eines „Hungerschiffs" von 1847, ankert an der Sean O'Casey Bridge. Nördlich der Uferstraße sind auch Teile des 1821 erbauten George's Dock erhalten. *DART/Luas: Connolly Station*

Glitzerwelt Docklands: Wo einst Hungerschiffe lagen, dümpeln nun Yachten

GAA MUSEUM [119 D4]

Sport ist für Iren weitaus mehr als pure Freizeitbeschäftigung. Die Ausstellung am Sitz der GAA (Gaelic Athletic Association), dem Stadion Croke Park, bietet deshalb nicht nur Trophäensammlungen; die Pflege der eigenen irischen Sportarten, des dem Hockey verwandten *Hurling* und des *Gaelic Football*, ist schließlich fester Bestandteil der nationalen Identität. Das interaktiv gestaltete Museum verdeutlicht die politischen und kulturellen Aspekte des Sports und ist auch für Besucher ohne Vorkenntnisse interessant. *Mo–Sa 9.30–17, So 12–17 Uhr | Croke Park | St. Joseph's Avenue | Eintritt 5,50 Euro | www. gaa.ie | Bus: 3, 11, 16, 123 ab O'Connell St.*

GLASNEVIN CEMETERY [118 A2]

Dicht an dicht in langen Reihen stehen graue Grabsteine auf dem wichtigsten Dubliner Friedhof, der im Jahr 1832 angelegt wurde. Viele bedeutende Persönlichkeiten des irischen Freiheitskampfes ruhen hier, allen voran Daniel O'Connell, der in einer Gruft unter dem markanten Rundturm nahe dem Haupteingang beigesetzt wurde. Besonders sehenswert sind die schön gearbeiteten Reliefs auf den Grabsteinen. Viele tragen das keltische Kreuz mit Sonnenscheibe oder die typisch verschlungenen irischen Dekorationsmuster mit Fabeltieren. Die hohen Mauern mit den Wachttürmen, die den Friedhof umgeben, waren im 19. Jh. übrigens notwendig, um Leichenfledderei zu verhindern.

Nach dem Rundgang empfiehlt sich eine Pause im urigen Pub Kavanagh's am Prospect Square oder ein Besuch des Botanischen Gartens. *Finglas Road | tgl. 9–16.30 Uhr, Führungen Mi und Fr 14.30 Uhr | 8 Euro | Bus: 40, 40A, 40B, 40C ab Parnell St.*

Insider Tipp

GUINNESS STOREHOUSE ★ [120 A2]

In dem spektakulär umgebauten Fabrikgebäude aus dem 19. Jh. zeigt das Unternehmen *Guinness* anhand historischer Anlagen und anschaulicher Simulationen alle Stufen des Brauprozesses. Buchstäblicher Höhepunkt ist die ☀ *Gravity Bar* auf dem Dach. In dem gläsernen Rundbau bekommen alle Besucher einen *Pint of Guinness* und den besten Rundumblick auf die Stadt. *St. James's Gate, tgl. 9.30–17, Juli–Aug. 9.30–19 Uhr | Eintritt 13,50 Euro | www.guinness-storehouse.com | Bus: 51B, 78A ab Aston Quay, 123 ab O'Connell St. und Dame St.*

IRISH MUSEUM OF MODERN ART ☀ [117 E6]

Die nationale Sammlung moderner Kunst ist in Kilmainham im imposanten Royal Hospital untergebracht, früher ein Heim für Kriegsveteranen, das 1680–84 nach dem Vorbild von Les Invalides in Paris im klassizistischen Stil erbaut wurde. Seit 1990 sammelt das Museum Werke lebender Künstler und bietet qualitätvolle Wechselausstellungen. Das Museum liegt auf einer Anhöhe mit Blick zum Fluss und einem schönen Garten im Stil des 18. Jh. Empfehlenswert sind das Café und die Kunstbuchhandlung. *Di–Sa 10–17.30, So 12–17.30 Uhr | Eintritt frei | www.imma.ie | 5 Min. Fußweg von Heuston Station,* dorthin mit Luas-Bahn Linie 1 und Bussen 51, 79 ab Aston Quay

KILMAINHAM GAOL ⭐ [117 D–E6]

Für Iren ist der Besuch des 200 Jahre alten Gefängnisses gewissermaßen eine patriotische Wallfahrt; ausländische Besucher bekommen hier eine interessante Geschichtsstunde. Freiwillige sorgten für die Restaurierung und die Eröffnung des Bauwerks als Denkmal von Kilmainham Gaol. Es besteht aus einem 1796 in Betrieb genommenen alten Gefängnistrakt und einer Erweiterung aus den 1860er-Jahren. Hier erfahren die Teilnehmer der Führung eine Menge über die damalige Theorie und Praxis des Strafvollzugs sowie der Resozialisierung von Kriminellen – kein trockenes Thema, wenn man es hautnah in modrigen Zellen erlebt. Schwerpunktmäßig geht es aber um die Anführer des Osteraufstands von 1916, die in Kilmainham Gaol hingerichtet wurden. Die angeschlossene Ausstellung bietet einen guten Überblick über die nationalen Befreiungs-kampf der Iren von 1798–1922. In-chicore Road | April–Sep. tgl. 9.30 bis 18, Okt.–März Mo–Sa 9.30 bis 17.30, So 10–18 Uhr | Eintritt 5,30 Euro | www.heritageireland.ie | Bus: 51B, 78A, 79, 79A ab Aston Quay

THE LIBERTIES [120 A–B2]

Die Grundbesitzer des Gebiets westlich der Stadtmauer genossen im Mittelalter besondere Privilegien, „liberties" genannt. Heute lebt hier noch das Dublin der einfachen Leute rund um Thomas Street und Meath Street. Aber in der Francis Street sind auch Antiquitätengeschäfte für Kenner und Reiche zu finden. Das Gegenbild zur schicken Einkaufszone um die Grafton Street im Zentrum ist der Liberty Market (Meath Street, Do–Sa), wo preiswerte Lebensmittel und Kleidung neben Haushaltswaren und Kommunionskleidern zum Verkauf stehen. Hinter der Kirche St. Catherine's zeugt eine Grotte mit Marienfigur von dem starken katholischen Gepräge Irlands. Die Augustinerkirche an der Thomas Street ist

Insider Tipp

▶ RICHTIG FIT!
Viel Platz zum Joggen und das Meer gleich vor der Tür

Mit einer Fläche von 7 km² ist Phoenix Park doppelt so groß wie New Yorks Central Park. Hier gibt es jede Menge Platz zum Joggen. Ehrgeizige können den Park umrunden (11 km), kürzere Strecken gibt es überall. Sie können auch das Fahrrad nehmen (Radverleih: Phoenix Park Bike Hire | Chesterfield Ave. | Tel. 08 62 65 62 58). Wer lieber Meeresluft schnuppert, fährt an die Küste; der Strand von Malahide [123 F4]

hat schöne Laufstrecken. Schwimmer, die sich ins kalte Wasser der Irischen See trauen, steigen am besten am Forty Foot Hole in Sandycove [123 F5] hinein. Mitten im Zentrum schwimmen Sie preiswert im Pool des Markievicz Leisure Centre [115 E3] (Townsend St. nahe Trinity College | Mo–Fr 7–22, Sa 9 bis 18, So 10–16 Uhr | DART: Tara Street). Sauna und Fitnesscenter gibt es dort auch.

No way out: In Kilmainham Gaol wartete auf irische Rebellen nur der Tod

ein 1862 bis 1895 erbautes Pracht-
stück neugotischer Architektur. Die
Inneneinrichtung ist üppig und far-
benfroh, ein Ausdruck des irischen
Katholizismus: Glasfenster aus einer
Münchener Werkstatt und von irischen Künstlern, ein Altar aus weißem Carrara-Marmor, bunt bemalte
Heiligenfiguren und Mosaiken, dazu
unzählige Wachs- und Elektrokerzen,
die die Kirche zu einer glitzernden
Höhle machen. *Bus: 121, 123 ab
O'Connell St.*

NATIONAL BOTANIC GARDENS   [118 B2]
Der 200 Jahre alte botanische Garten
ist eine wunderbare Rückzugsmög-
lichkeit, wenn Dublins tosender
Verkehr zu anstrengend wird. In dem
geschützten Tal am kleinen Fluss
Tolka gedeihen exotische Arten aus
aller Welt, in den eleganten alten
Gewächshäusern wachsen Palmen
und Orchideen. *Botanic Road | Mitte
Feb.–Mitte Nov. tgl. 9–18, Mitte
Nov.–Mitte Feb. 9–16.30 Uhr | Ein-
tritt frei | www.botanicgardens.ie |
Busse: 13, 13A und 19 ab O'Connell
St.*

PHOENIX PARK ★ ☼   [116–117 A–E 1–5]
Nach einer Partynacht in Temple Bar
sind die frische Luft im Phoenix Park
und der Blick auf die Wicklow-Berge
ideal, um den Kopf zu befreien. Dublins Pendant zur grünen irischen
Landschaft war einst das königliche
Rotwildgehege. Heute bietet der
Phoenix Park auch Platz für Sport-
veranstaltungen und Riesenevents.
120 000 Zuhörer besuchten hier ein
Robbie-Williams-Konzert, doch die
größte Menschenmasse, geschätzte
1,2 Mio., zog Papst Johannes Paul II.
1979 in den Park. Am Eingang steht
zu Ehren des Waterloo-Siegers Wellington ein Obelisk, nordwestlich davon liegt direkt im Park die Residenz
des Staatsoberhaupts. Der Dublin
Zoo, in dem der aus den MGM-Fil-
men bekannte Löwe zur Welt kam,
nimmt den Osten des Parks ein. *Park
durchgehend geöffnet | Zoo Mo–Sa
9.30–18, So 10.30–18 Uhr (Eintritt
14,50 Euro, Kinder 10 Euro) | Bus:
25, 25A, 26, 66, 67 ab Wellington
Quay, Luas: Museum oder Heuston,
dann ca. 10 Min. zu Fuß*

> ZWISCHEN IRISH STEW UND HAUTE CUISINE

Dublins Küche ist längst modern und international,
doch auch das alte Irland kommt noch auf den Tisch

> **Die Zutaten sind erstklassig: Irische Gewässer liefern Austern, Garnelen und Seefisch, sattgrüne Wiesen zartes Rind- und Lammfleisch. Und doch war die kulinarische Tradition in Irland einst so arm wie die Bevölkerung.**

Diese Zeiten sind seit den 1990er-Jahren vorbei. Die Dubliner wurden wohlhabender und konnten sich ein gutes Restaurant leisten. Sie reisten und fanden Geschmack an den Küchen der weiten Welt. Zuwanderer aus aller Welt brachten ihre Spezialitäten auf die Grüne Insel. Als einheimische Köche schließlich die französische, asiatische und mediterrane Art entdeckten, hochwertige heimische Zutaten zu würzen und zuzubereiten, wurde die „moderne irische Küche" geboren.

Schattenseite der Kaufkraft ist der unaufhaltsame Preisanstieg. Dublin gehört zu den teuersten Städten Europas, vor allem in der Gastrono-

Bild: Irish Breakfast

ESSEN & TRINKEN

mie. Deshalb wird man, auch wenn das Essen im Restaurant gut schmeckt, im Vergleich zum deutschsprachigen Raum mit dem Preis-Leistungs-Verhältnis kaum zufrieden sein.

Zum Glück gibt es aber einige Möglichkeiten, Geld zu sparen. Eine Fülle von Cafés und Pubs bieten preiswerten Mittagstisch. Abends macht das „Pre-Theatre Menu", auch „Early Bird Menu" genannt, ein Essen in den feinen Restaurants erschwing-

lich: Gäste, die bereits ab ca. 18 Uhr erscheinen, bestellen zum Festpreis zwei bis drei Gänge, müssen aber bis spätestens 20 Uhr den Tisch verlassen. Auch die vielerorts angebotenen Mittagsmenüs bieten Normalverdienern die Chance, in den besten Adressen günstiger zu speisen.

Dubliner Restaurants servieren das Mittagessen in der Regel zwischen 12 und 14 Uhr, Abendessen von etwa 18.30 bis 22, manchmal bis

CAFÉS

23 Uhr. Die meisten Pubs in Irlands Hauptstadt öffnen ab 11 Uhr und schließen um 23.30 Uhr, freitags und samstags zwischen 0.30 und 1.30 Uhr.

„Please wait to be seated" sehen, warten Sie, bis die Bedienung Ihnen einen Tisch zuweist. Schauen Sie auch, ob ein „service charge" auf der Karte ausgewiesen ist. Ist der Zu-

Unten Cafékettencharme, oben gediegener Rahmen für den Nachmittagstee: Bewley's Café

Die moderneren Dubliner setzen eher auf internationale Küche und vernachlässigen ihre traditionellen Gerichte. Wenn Sie gern *Irish Stew, Bangers & Mash* oder *Colcannon* probieren wollen, ist ein Pub mit guter Hausmannskost, z. B. *Porterhouse, The Stag's Head* oder *O'Shea's Merchant,* meistens eine bessere – und günstigere – Empfehlung als die mittelmäßigen Restaurants, die irische Speisen für amerikanische Touristen auf der Suche nach ihren Wurzeln bieten. Bestellt wird im Pub meist an der Theke. Wenn Sie im Restaurant das Schild

schlag für die Bedienung nicht aufgeführt und Sie waren zufrieden, ist ein Trinkgeld von etwa zehn Prozent angebracht.

Eine Menge Restaurants recht unterschiedlicher Qualität hat sich in Temple Bar angesiedelt. Nördlich der Dame Street haben sich viele Lokale zwischen der Grafton Street und der South Great George's Street etabliert. Feine Adressen sind vor allem um die Plätze Merrion Square und St. Stephen's Green zu finden. Liebhabern von Fisch und Meeresfrüchten ist ein Ausflug zur Küste bei Howth oder Sandycove zu empfehlen.

> *www.marcopolo.de/dublin*

ESSEN & TRINKEN

■ CAFÉS ■

AVOCA [115 D4]

Der Designladen Avoca mit Lebensmittelgeschäft und Café steht für modernen irischen Lifestyle, und die in der Mittagszeit stets belegten Tische in der zweiten Etage bezeugen den Erfolg des Konzepts. Quiches, schmackhafte Suppen und die duftenden Erzeugnisse der hauseigenen Bäckerei sind für die Büroarbeiter der umliegenden Straßen unwiderstehlich. Außerhalb der Mittagszeit finden Sie ohne Reservierung einen Tisch für guten Kaffee und einen Imbiss. *Abends geschl. | 11 Suffolk St. | Tel. 672 60 19 | Bus: Dame St.*

Insider Tipp

BEWLEY'S CAFÉ [115 D5]

Hinter der ägyptisch anmutenden Fassade dieser Traditionsadresse hat sich einiges geändert, denn das Erdgeschoss ist jetzt eine Filiale von *Café Bar Deli*. Aber in der ersten Etage gibt es Frühstück ab 8 Uhr oder Nachmittagstee in gediegener Atmosphäre mit Kristallleuchtern, dunklem Holz und alten Fotos. Im ehemaligen *Oriental Room* wird mittags Theater gespielt, abends gibt es Jazz und Kleinkunst. *78 Grafton St. | Bus: Nassau St.*

THE CHURCH ★ 🔊 [114 B3]

Diese umgebaute Kirche aus dem 18. Jh. samt Holztäfelung, Gedenktafeln, Orgel und Glasmalereien bietet ein beeindruckendes Ambiente zum Entspannen nach einer Northside-Einkaufstour. Tagsüber ein Treff für Cappuccino, Panini und kleine Gerichte, mutiert die ehemalige St. Mary's Church abends zum coolen Club mit Restaurant auf der Galerie *(vor allem Steaks | €€ – €€€)*. Große Sonnenterrasse. *Mary St. | Tel. 828 01 02 | www.thechurch.ie | Luas: Jervis*

COBALT CAFÉ [115 D1]

Insider Tipp

Für ein entspanntes und preiswertes Mittagessen auf der Northside gibt es keine stilvollere Adresse als dieses Kunstcafé in zwei Räumen eines ge-

MARCO POLO HIGHLIGHTS

★ **Chapter One**
Die Vorzeigeadresse der Stadt, wenn es um moderne irische Küche geht (Seite 54)

★ **Queen of Tarts**
Eine verführerische Auswahl von Kuchensorten ganz in der Nähe des Dublin Castle (Seite 54)

★ **Restaurant 101 Talbot**
Irische und mediterrane Küche in entspannter Atmosphäre (Seite 59)

★ **Yamamori Noodles**
Asiatische Nudelgerichte, gesund und schmackhaft zugleich (Seite 60)

★ **The Church**
Café in einer ehemaligen Kirche – abends auch Club und Restaurant (Seite 53)

★ **Dunne and Crescenzi**
Italienische Kost, gut und preiswert, zwischen lauter Lebensmitteln (Seite 60)

orgianischen Hauses. Unter hohen Stuckdecken serviert der Familienbetrieb belegtes Baguette und Ciabatta, Suppe und Salat. Im Winter wärmt das Kaminfeuer, im Sommer die Sonne an den Gartentischen. Das Café mit seinem leicht heruntergekommenen Charme ist auch eine Galerie – der Schmuck in den Vitrinen und die Bilder stehen zum Verkauf. Die wunderschönen Stuckarbeiten an Decken und um Türen vermitteln einen Hauch der alten Zeit. *So und abends geschl. | 16 North Great George's St | Bus: Parnell Square*

QUEEN OF TARTS [114 B4]

Die „Königin der Torten" macht mit dem verführerischen Angebot ihrem Namen alle Ehre. Zu Muffins, Himbeerkäsekuchen und Pflaumentorte gibt's guten Kaffee oder stärkenden

> GOURMETTEMPEL
Die hohe Schule des Modern Irish Cooking

CHAPTER ONE [114 C1]

Hochgelobter Vertreter des „Modern Irish Cooking" im *Dublin Writers Museum*. Der Charcuterieteller stammt ausschließlich von irischen Lieferanten, mit Langustinen gefüllte Ravioli stehen neben Duck Pie von irischen Enten auf der Karte und heimisches *Aberdeen-Angus*-Steak kommt mit Pilzgratin. Das Drei-Gänge-Menü am frühen Abend kostet 37,50, Hauptgerichte à la carte ab 30 Euro. *So und Mo geschl. | 18 Parnell Square | Tel. 873 22 66 | www.chapteronerestaurant.com | Bus: Parnell Square*

L´ÉCRIVAIN [115 F6]

Seit 2003 trägt der Ire Derry Clark seinen verdienten Michelin-Stern. Frischeste heimische Zutaten verwandelt er mit kreativen Saucen und Beilagen in feinste Gerichte, die bei Dublins Kritikern Begeisterung auslösen. À la carte kosten Hauptgerichte um die 40 Euro, das „tasting menu" mit sieben Gängen zum Probieren 95 Euro. *So und Sa-Mittag geschl. | 109 a Lower Baggot St. | Tel. 661 19 19 | www.lecrivain.com | Bus: Merrion Square*

RESTAURANT PATRICK GUILBAUD [115 E6]

Im noblen *Merrion Hotel* hat Zwei-Sterne-Koch Guilbaud den passenden Rahmen für seine französische *haute cuisine*. Mittags gibt es zwei Gänge für 38 Euro, abends kosten Vor- und Hauptspeise ca. 50 Euro mehr. In allzu legerer Kleidung wird man sich hier nicht wohl fühlen. *So und Mo geschl. | 21 Upper Merrion St. | Tel 676 41 92 | www.restaurantpatrickguilbaud.ie | Luas: St. Stephen's Green*

THE TEA ROOM [114 C3]

Die feine Küche des Promitreffs im eleganten *Clarence Hotel* bereitet insbesondere traditionelle irische Zutaten auf moderne Weise zu. Das gehobene Niveau bedeutet aber nicht, dass man hier in steifer Atmosphäre speist. Das Ambiente ist hell, luftig und – wie auch die Speisen – eher einfach gehalten als überkandidelt. Das Günstigste ist das dreigängige „Market-Menu" für 39 Euro, Hauptgerichte à la carte kosten etwa 30 Euro. *Essex St. | Tel. 407 08 13 | www.theclarence.ie | Bus: Temple Bar*

Tee. Mittags bietet das etwas enge, dafür um so gemütlichere Café Suppen und kleine warme Gerichte an. Die wunderbaren Kuchensorten bekommt man auch in der Filiale gleich um die Ecke in Cow's Lane 3–4. *Abends geschl. | 4 Cork Hill | Lord Edward St. | Bus: Lord Edward St.*

SILK ROAD CAFÉ 📶   [114 B5]

Nach der Besichtigung des Dublin Castle oder der Chester Beatty Library bietet das Café im überdachten Innenhof mit orientalischer Einrichtung eine preiswerte Erfrischung. Mittagsgerichte aus Persien, der Türkei und dem Mittleren Osten kosten ca. 8–10 Euro. Auch Vegetarier finden ein gutes Angebot, z.B. Falafel und Gemüsecurry. *Mo geschl. | in der Chester Beatty Library | Bus: Dame St.*

■ RESTAURANTS € € €

BANG ▶▶ 📶   [115 E6]

Die Schicken und Schönen der Dubliner Szene lieben dieses edel-minimalistische Restaurant, das sich zur modernen irischen Küche bekennt: Außer einer veredelten Version der traditionellen Bangers & Mash gibt es Foie Gras und Graved Lachs, und irische Meeresfrüchte werden mit Zutaten aus dem Mittelmeerraum oder dem Orient kombiniert. Wenn Ihr Magen und Ihr Portemonnaie robust sind, probieren Sie die phantasievollen Cocktails. *So geschl. | 11 Merrion Row | Tel. 676 08 98 | www. bangrestaurant.com | Luas: St. Stephen's Green*

KING SITRIC ✺   [123 F4]

Der namensgebende Wikingerkönig Sitric wird wohl kaum so elegant gespeist haben wie Gäste dieses Fischrestaurants direkt am Hafen von Howth, die von dem hellen Raum in der ersten Etage aus einen wunderba-

Dublins schmackhafteste Hommage an die Literatur: L'Écrivain

ren Meeresblick genießen. Wer will, kann hier auch Rindfleisch- oder Geflügelgerichte bestellen, aber das wäre wirklich schade, denn der Fisch und die Meeresfrüchte sind im King Sitric stets fangfrisch. Außer Hummer und Austern stehen Gerichte wie Steinbutt oder verschieden zubereitete Dublin-Bay-Garnelen zur Auswahl. Die Karte erläutert in mehreren Sprachen, auch in Deutsch, die Namen der verschiedenen Fischarten. Als Nachspeise ist der irische Käseteller sehr zu empfehlen. *Di geschl., Lunch nur So | East Pier | Howth |*

Tel. 832 52 35 | www.kingsitric.ie |
DART: Howth

MARTELLO RESTAURANT   [123 F5]

Dieses Restaurant ist ein Renner in
den umliegenden guten Wohnvier-
teln. Und die Lage an der Uferpromenade zwischen Dun Laoghaire

PEPLOE'S WINE BISTRO   [115 D6]

Die opulent eingerichteten Souter-
rainräume in allerbester Lage sind in
erster Linie Weinlokal mit einem
breit gefächerten Angebot von Wei-
nen aus Europa und der südlichen
Hemisphäre. Aber auch für moderne,
kreative Küche ist Peploe's eine gute

Interieur: opulent, Weine: erlesen, Küche: kreativ – Peploe's Wine Bistro

und Sandycove auch für Ausflügler
besonders günstig. Das engagierte
Team bereitet frische irische Zutaten
wie Lammfleisch, Seezunge oder
auch Dublin-Bay-Krebsfleisch mit
französischer Verve zu und kredenzt
dazu gute Weine. Freitags und samstags erhöht Klaviermusik die ohnehin freundliche Stimmung noch um
einiges. *1 Martello Terrace | Sandy-*
cove | Tel 280 98 71 | DART: Sandy-
cove

Adresse. Die Zubereitung von
Lammfleisch, Wild und Meeres-
früchten lässt den Einfluss der Mit-
telmeerküche spüren. *So geschl. | 16*
St. Stephen's Green (Nordseite) | Tel.
676 31 44 | www.peploes.com | Luas:
St. Stephen's Green

TROCADERO   [114 C4]

Das etablierte Restaurant im Ausgehviertel nördlich der Dame Street und
nahe der Einkaufszone Grafton

Street bietet hauptsächlich Steaks und italienische Gerichte. Vor allem das Pre-Theatre-Dinner (zwei Gänge 25 Euro, Bestellung bis 19 Uhr) ist zu empfehlen – nicht nur wegen des Essens, denn das Trocadero steht ganz im Zeichen des Theaters. Spiegel, Fotos von Schauspielern und Theaterplakate schmücken die dunkelroten Wände. *So geschl. | 3 St. Andrews St. | Tel. 677 55 45 | www.trocadero.ie | Bus: Dame St.*

■ RESTAURANTS € €

IL BACCARO   [114 C4]

Osteria, also Weintaverne, ist die treffende Bezeichnung für dieses Stück Italien mitten in Temple Bar. Zwei niedrige Backsteingewölbe bilden den stimmungsvollen Rahmen für einfache, preiswerte italienische Küche. Pasta, Bauerngerichte wie Schweinefleisch mit Kichererbsen und Klassiker wie Saltimbocca werden in freundlicher Atmosphäre serviert. Der Hauswein ist gut und erschwinglich. *Meeting House Square | Tel. 671 45 97 | Bus: Temple Bar*

CAFÉ BAR DELI   [114 C4]

Klassische Pizza und Pastagerichte, mit Sorgfalt, aber ohne Schnörkel zubereitet, sind die Stärken der kleinen Kette, die mit freundlicher Bedienung und guter Stimmung junges Publikum anzieht. Salate sind wahlweise Beilage oder Hauptgericht, die Weinkarte bietet bewährte Qualität zu für Dubliner Verhältnisse annehmbaren Preisen (Flasche ab 20 Euro). *12 South Great George's St. | Tel. 677 16 46 | www.cafebardeli.ie | Bus: South Great George's St., Filialen 78 Grafton St. und im Vorort Ranelagh*

CAVISTON'S   [123 F5]

Insider Tipp

Das perfekte Rezept für einen entspannten Nachmittag nach einem Küstenspaziergang oder dem Besuch des James Joyce Museums ist eine Reservierung bei Caviston's für Räucherlachs oder auch *Crabcakes* (Krebsfleisch) als Vorspeise, Seeteufel, Schwertfischsteak oder Jakobsmuscheln als Hauptgericht, hinterher eines der wunderbaren Desserts oder eine Auswahl irischer Käsesorten, dazu der passende Weißwein. *Nur Di–Sa mittags und nachmittags | 59*

>LOW BUDGET

> Preiswerte chinesische Restaurants finden Sie in Dublins entstehender Chinatown auf der Parnell Street im Abschnitt östlich von Parnell Square.

> Selbstversorger decken sich mit günstigen Lebensmitteln aus den Supermärkten des Jervis Centre und des ILAC Centre [114 C2–3] oder den kleinen SPAR-Läden ein und genießen ihr Picknick in einem der schönen Dubliner Parks.

> *Gruel* [114 C4] hat gute und sättigende Mittagsgerichte wie Suppen, „roast in a roll" (mit Braten gefüllte Brötchen) und Pasta, ist abends etwas teurer (Pastagerichte, Fisch, irische Spezialitäten ca. 15 Euro), aber für Dubliner Verhältnisse immer noch preiswert. *68 Dame St. | Tel. 670 71 19 | Bus: Dame St.*

> Auf dem *Temple Bar Food Market* [114 C4] können Sie an kleinen Ständen für wenig Geld Köstlichkeiten aus verschiedenen Ländern schlemmen. *Sa 10–17 Uhr | Meeting House Square | Bus: Temple Bar*

RESTAURANTS €€

Glasthule Road | Sandycove | unbedingt vorbuchen unter Tel. 280 92 45 | www.cavistons.com | DART: Sandycove

FITZERS [114 C4]
Internationale Küche von Burgern mit Pommes frites, Rindersteak und Lammbraten aus Wicklow bis Pasta und Fisch. Zur schlichten und modernen Küche passt das Ambiente in einem umgebauten Lagerhaus. 43 Temple Bar Square | Tel. 679 04 40 | www.fitzers.ie | Bus: Temple Bar; Filialen 51 Dawson St. | Tel. 677 11 55 und National Gallery | Tel. 670 65 77

> SPEZIALITÄTEN
Genießen Sie die typisch Dubliner Küche!

Bangers and Mash – Bratwürstchen mit Kartoffelpüree. Typisches Pubgericht (Foto)
Boxty – Pfannkuchen oder Knödel, aus Kartoffelteig mit Mehl und wahlweise Buttermilch, Ei oder Butter gemacht
Coddle – Eintopf mit Kartoffeln, Zwiebeln, Speck und Wurst
Colcannon – Kartoffelpüree mit Kohl, dazu evtl. Milch, Sahne, Porree oder Zwiebeln

Dublin Bay Prawns – Garnelen aus der Bucht von Dublin, stehen oft und unterschiedlich zubereitet auf der Karte
Fish and Chips – eigentlich das englische Nationalgericht, aber hier lassen die Iren ihren Patriotismus beiseite und essen gern paniertes, gebratenes Fischfilet mit Pommes Frites, gewürzt mit Malzessig.
Irish Breakfast – umfangreiches Frühstück, für einen langen Tag in der Stadt gerade die richtige Grundlage. Die Vollversion umfasst Fruchtsaft, Cornflakes oder Müsli, dann Spiegelei, gebratenen Speck und Würstchen, gebackene Bohnen und Tomaten, anschließend reichlich Toast mit Marmelade; dazu gibt es starken Tee, auf Wunsch Kaffee
Irish Stew – Lammfleischeintopf mit Kartoffeln, Möhren, Zwiebeln
Pie – Teigtasche mit herzhafter oder süßer Füllung. Besonders köstlich: Fish Pie. Klassiker zum Dessert ist Apple Pie
Stout – dunkles obergäriges Bier, z. B. Guinness oder Murphy's
Whiskey – Irland produziert zwar weniger Sorten als Schottland, ist aber zu Recht stolz auf seinen Whiskey (mit „e" geschrieben). Irische Sorten schmecken oft weicher als die schottischen. Die bekanntesten Marken Jameson's und Bushmills stellt heute zwar ein Spirituosenmulti her, aber Qualität und Eigenart dieser Whiskeys sind nach wie vor gut. Es gibt auch viel kleinere Produzenten. Aufgepasst: Manche Sorten sind in Irland teurer als zu Hause!

HARBOURMASTER [115 F2]

Kneipe und Restaurant im ehemaligen Hafenamt in den Docklands sind unter den Angestellten des umliegenden Finanzviertels ausgesprochen beliebt. Der stimmungsvolle alte Teil mit den Holzböden und der Backsteinarchitektur beherbergt einen Pub mit einfachen Gerichten, in dem schicken Erweiterungsbau wird internationale Küche mit irischem Einschlag serviert. *Custom House Dock | Tel. 670 16 88 | Luas: Connelly Station*

LORD EDWARD'S SEAFOOD RESTAURANT [114 B4]

Dieses alteingesessene Dubliner Restaurant im 2. Stock über dem gleichnamigen Pub setzt eher auf bewährte Qualität als auf modische Gerichte und bietet wie eh und je Klassiker aus den Meeren: Scholle und Seezunge, Jakobsmuscheln, Steinbutt oder auch Hummer, wenn Sie denn tiefer in die Tasche greifen wollen. Günstig gelegen für ein besseres Mittagessen in der Nähe der Kathedralen. *So- und Sa-Mittag geschl. | Christchurch Place | Tel. 454 24 20 | Bus: Lord Edward St.*

RESTAURANT 101 TALBOT ⭐ [115 D2]

Das Restaurant ist ein großer Raum in der ersten Etage. Die Einrichtung ist schlicht, aber warme Farben lassen schon auf das Mittelmeerthema schließen. Außer klassischen italienischen Nudelgerichten gibt es auch irisches Rindfleisch. Fisch aus heimischen Gewässern kommt in südländischer Zubereitung auf den Tisch, z.B. Heilbutt mit *salsa verde*. Auch für Vegetarier gibt es eine Auswahl von Gerichten wie etwa Waldpilzrisotto. Wegen seiner Lage in der Einkaufszone um die O'Connell und der Nähe zum Abbey und zum Gate Theatre ist 101 Talbot schon am frühen Abend gut besucht. *So, Mo geschl. |*

Ärmel hochrollen, Leute, und im Fitzers lecker international essen!

Pre-Theatre-Menu ab 17 Uhr | 101 Talbot St. | Tel. 874 50 11 | www.101 talbot.com | Luas: Abbey St.

THE WINDING STAIR [114 C3]

Wer die „Wendeltreppe" noch als alte Buchhandlung mit Café kannte, wird beim Anblick des schicken neuen Restaurants mit kleinem angeschlossenen Buchladen Wehmut empfinden. Feinschmecker aber freuen sich über moderne irische Küche vom Feinsten, z. B. irische Miesmuscheln und Charcuterie, Forelle aus Lough Neagh. Je nach Wahl kosten Vorspeise plus Hauptgericht u. U. über 35 Euro. *40 Lower Ormond Quay | Tel. 872 73 20 | www.winding-stair. com | Bus: Ormond Quay/ LUAS: Abbey St.*

YAMAMORI NOODLES ⭐ [114 C4]

Gesunde japanische Nudelgerichte und Suppen, auch Sushi, in einem stilvollen Interieur. Gut für Vegetarier und als Grundlage für eine Tour durch die benachbarten Kneipen nördlich der Dame Street. *71–72 South Great George's St. | Tel. 475 50 01 | www.yamamorinoodles. ie | Bus: South Great George's St.*

■ RESTAURANTS €

BESHOFF'S ☙ [115 D2]

Es gibt Leute, die meinen, die *Fish and Chips* von Leo Burdock's seien ein bisschen besser, aber auch Beshoff's ist seit Jahrzehnten eine echte Dubliner Institution. Besonders angenehm ist die Lage in der ersten Etage mit Blick hinunter auf das quirlige Geschehen der O'Connell Street. Überraschend das Interieur: Klassizistische Säulen, bunte Glasfenster und bequeme Sessel schaffen das für ein Fish-and-Chips-Lokal gänzlich unerwartet niveauvolle Ambiente. *6 O'Connell St. Upper | Bus: O'Connell St. | weitere Filiale 14 Westmoreland St. nahe Trinity College*

DUNNE AND CRESCENZI ⭐ [115 D5]

Italienisches Flair, gute Qualität zu vernünftigen Preisen und die Lage nahe Trinity College und Grafton Street sind das sichere Erfolgsrezept dieses Wein- und Lebensmittelgeschäfts mit eigenem Restaurant. Es gibt keine umfangreiche Menükarte,

sondern eine Auswahl von Antipasti, Panini und täglich wechselnden kleinen Gerichten. Drinnen sitzt man zwischen mit italienischem Wein und Pasta gefüllten Regalen, an den Tischen vor der Tür kann man ein Glas Prosecco in der Sonne genießen. *16 South Frederick St. | Tel. 677 38 15 | Bus: Nassau St.*

GALLAGHER'S BOXTY HOUSE [114 C3]

Beliebte Adresse für die traditionelle Küche der Grünen Insel. Entdecken Sie hier in einem gemütlichen altirischen Ambiente, wie *Colcannon, Coddle* und *Boxty Pancakes* schmecken. Die Pfannkuchen haben verschiedene deftige Füllungen. *20 Temple Bar | Tel. 677 27 62 | www.boxty house.ie | Bus: Temple Bar*

JUICE [114 C4] Insider Tipp

Gesunde und köstliche vegetarische Gerichte aus aller Welt wie Frittata, Thaicurry oder marokkanische Tagine kosten nach Dubliner Maßstäben wenig in dem modern eingerichteten Restaurant, vor allem mit dem Early-Bird-Menu mit drei Gerichten für 18 Euro. Dazu gibt es ungewöhnliche Kombinationen aus Frucht- und Gemüsesäften. *73 South Great George's St. | Tel. 475 78 56 | www. juicerestaurant.ie | Bus: South Great George's St.*

LEO BURDOCK'S [114 B4]

Freunde von Fish and Chips streiten darüber, welches Lokal das beste der Stadt ist. Wenn es um prominenten Besuch geht, hat dieser kleine Laden nahe Christ Church Cathedral sicher die Nase vorn. Eine Tafel neben dem Eingang listet lauter weltbekannte

ESSEN & TRINKEN

Im Juice fängt der frühe Vogel ein köstliches fleischloses Menü für 18 Euro

Kunden auf: Sinead O'Connor, Rod Stewart, Tom Cruise, Sandra Bullock und viele mehr. Die großzügigen Portionen nimmt man mit und verzehrt sie beispielsweise auf einer Bank im Garten von Dublin Castle oder vor der Kathedrale. *2 Werburgh St. | Bus: Lord Edward St.*

INSIDER TIPP

MARKET BAR ▶▶ 🔊 [114 C5]

Hinter dem wenig einladenden Eingang verbirgt sich eine der stilvollsten Bars der Stadt, die als Café tagsüber, als Tapasbar abends oder einfach als cooles Lokal für ein Glas Wein gleichermaßen taugt. Der luftige Raum mit gartenbankähnlicher Bestuhlung unter einer Dachkonstruktion aus Glas und Eisen ist der gelungene Umbau einer ehemaligen Markthalle und Wurstfabrik. Der Verzicht auf Musik – in Dublin sehr ungewöhnlich! – fördert die Gesprächskultur. Die Schwerpunkte der Weinkarte sind Spanien und Südamerika. *Fade St. | Tel. 613 90 94 | www.marketbar.ie | Bus: South Great George's St.*

MILANO [115 D5]

Das gemütliche Lokal ist zwar die Filiale einer britischen Kette, bietet aber zu humanen Preisen eine bewährte Auswahl von Pizzasorten und Nudelgerichten in sehr anständiger Qualität. *61 Dawson St. | Tel. 670 77 44 | Luas: St. Stephen's Green; weitere Filiale: 19 East Essex St. | Temple Bar*

NUDE [115 D4]

Die Wraps, Panini, Bagels und Sandwiches in diesem Fastfood-Laden sind eine gesunde Alternative zu den Hamburger-Ketten. Auch Suppen und Pasta stehen im Angebot. Zu Trinken gibt es Transfair-Kaffee oder -Tee und eine gute Auswahl an Fruchtsäften und Smoothies, alles zu günstigen Preisen. *21 Suffolk St. | Bus: Dame St. | Filialen George's Quay Plaza südl. der Liffey, 38 Upper Baggot St. nahe Grand Canal*

> VON WEGEN KELTEN-KITSCH

Entdecken Sie, wie stilvoll, schön, kreativ und wohlschmeckend
Irisches wirklich sein kann

**> Eine Shoppingtour durch Dublin macht
Spaß und ist ausgesprochen fußschonend,
denn das Einkaufsviertel südlich der Liffey ist recht kompakt.**
Das Wichtigste liegt in der Fußgän-
gerzone um die Grafton Street sowie
in den angrenzenden Straßen westlich
bis zur South Great George's Street
und östlich bis zur Kildare Street:
Mode, Kunst und Schmuck für hohe
Ansprüche, Bücher und CDs, Souvenirs und Lebensmittel. Ein paar Fuß-
minuten entfernt liegen die kleinen
Designerläden Temple Bars. Wer
nicht viel Geld ausgeben will, überquert die Liffey, um in den Seitenstra-
ßen der O'Connell Street das Passende zu finden. Hier gibt es über-
dachte Einkaufszentren mit Filialen
großer Ketten und preiswerte Kaufhäuser. Lediglich Antiquitätenjäger
müssen sich ein wenig von der Stadtmitte entfernen und die Francis Street
im Stadtteil The Liberties ansteuern.

Bild: St. Stephen's Green Centre

EIN KAUFEN

Es ist nicht schwer, echte und geschmackvolle Souvenirs einer Irlandreise zu finden. Qualitativ hochwertige Erzeugnisse wie irische Modeschöpfungen aus Leinen und Wolle, keltisch inspirierten Schmuck und Kunsthandwerk, das feine Glas von Waterford Crystal, wunderbare Bildbände über irische Kulturschätze und CDs mit irischer Musik halten zu Hause Erinnerungen an die Reise wach. Die Museumshops, vor allem der Laden des National Museum in der Kildare Street, sind für diese Artikel eine gute Adresse.

Insider Tipp

■ BÜCHER ■

HODGES FIGGIS [115 D5]

Das lang etablierte und gut sortierte Geschäft in der Gegend nördlich von Trinity College, wo viele Buchhandlungen ansässig sind, ist für Irland-Literatur besonders empfehlenswert. *56–58 Dawson St. | Bus: Nassau St.*

EINKAUFSZENTREN

■ EINKAUFSZENTREN ■

ILAC CENTRE UND
JERVIS CENTRE   [114 C2–3]
Nah beieinander in der Fußgänger-
zone westlich der O'Connell Street

verkaufen. Das *Mimo Café* im über-
dachten Innenhof ist der ideale Ort,
um sich bei Kaffee und Kuchen von
der Shoppingtour zu erholen. *59 Wil-
liam St. South | Bus: Dame St.*

Avoca Handweavers: Nicht nur individuelle irische Mode wird hier ansprechend präsentiert

liegen die beiden Einkaufszentren,
die sich wenig unterscheiden, denn
große britische Ketten wie Marks
and Spencer, Next und Debenhams
dominieren hier. Kleine individuelle
Läden gibt es nicht, dafür alles unter
einem Dach. *Henry St. | Luas: Jervis*

POWERSCOURT CENTRE ★   [115 D5]
Eine aristokratische Stadtresidenz
aus dem 18. Jh. ist die würdige Be-
hausung niveauvoller Geschäfte, die
u.a. Antiquitäten wie Uhren, Silber
oder Porzellanfiguren, Ball- und
Brautkleider, Schuhe und Spielzeug

ST. STEPHEN'S
GREEN CENTRE   [114 C5–6]
Die im Stil eines Gewächshauses ge-
staltete Passage auf drei Etagen ist das
führende Einkaufszentrum der Südseite und v.a. für Sportartikel eine
gute Adresse. Das Angebot an Kleidung ist groß und teils preiswert, aber
wenig individuell. *St. Stephen's Green
West | Luas: St. Stephen's Green*

■ KAUFHÄUSER ■

AVOCA HANDWEAVERS ★   [115 D4]
Das vielfältige Angebot macht den
ansprechenden Laden auf mehreren

> *www.marcopolo.de/dublin*

Ebenen zu einem kleinen Kaufhaus. Lassen Sie sich auf keinen Fall die *Food Hall* im Untergeschoss entgehen; sie hat alle Zutaten für ein erlesenes Picknick im nahe gelegenen St. Stephen's Green: frisch gebackenes Brot, irischen Käse, Pies, Tapas oder Sushi.

Insider Tipp

Im Erdgeschoss gibt es kreative irische Mode und Haushaltsartikel. Wenn im Café im Obergeschoss kein Platz frei ist, kaufen Sie einfach das Avoca-Kochbuch und probieren die Gerichte selbst aus. *11 Suffolk St. | Bus: Dame St.*

BROWN THOMAS ⭐ [115 D5]

Das feine Kaufhaus führt Mode für Damen und Herren auf vier Etagen. Im Erdgeschoss haben Marken wie Gucci, Hermès, Dior, Prada und Louis Vuitton ihre Bereiche. Die Parfum- und Kosmetikabteilung lässt kaum Wünsche offen. *28 Grafton St. | Luas: St. Stephen's Green*

CLERY´S [115 D2]

Hinter der imposanten Fassade des Traditionskaufhauses gibt es ein breites Angebot an Mode, etablierte, aber auch junge Marken. *18 Lower O'Connell St. | Luas: Abbey St.*

■ LEBENSMITTEL ■

FALLON AND BYRNE [114 C4]

Dieses Geschäft bedient einen Kundenkreis, der Lebensmittel bekannter Herkunft in guter Qualität sucht. Obst und Gemüse, Fisch und Fleisch, Käse, Backwaren sowie gute Weine können Sie kaufen oder im hauseigenen Brasserie-Restaurant genießen. *11 Exchequer St. | Tel. Restaurant 472 10 00 | Bus: South Great George's St.*

SHERIDAN'S CHEESE SHOP [115 D5]

Irlands saftiges Weideland bringt erstklassige Käsesorten hervor. Sheridan´s bietet handgemachte Spezialitäten von irischen Bauernhöfen. Probieren Sie den Blauschimmelkäse *Cashel Blue* oder den festen *Coolea* aus Cork. Das gut informierte Personal berät Sie gern. *11 Anne St. South | Luas: St. Stephen's Green*

Insider Tipp

■ MÄRKTE ■

MARKET ARCADE [114 C5]

Die alte Markthalle ist eine Fundgrube für schöne Mitbringsel: Goldschmiedearbeiten und Kunsthandwerk, Bücher und CDs aus zweiter Hand, Asienkleider und stilvolle Secondhand-Mode. Auch die Imbissbu-

MARCO POLO HIGHLIGHTS

⭐ **Avoca Handweavers**
Der Beweis, dass das neue Irland Stil und Geschmack besitzt
(Seite 64)

⭐ **Brown Thomas**
Dublins edelste Adresse für klassische Mode und Accessoires
(Seite 65)

⭐ **Powerscourt Centre**
Kunst, Schmuck und Design im wunderschönen Ambiente
(Seite 64)

⭐ **Temple Bar Food Market**
Ausgesprochen lecker und gesund: Köstlichkeiten von der Grünen Insel
(Seite 66)

den haben hier Niveau. *Zwischen South Great George's St. und Drury St. | Bus: South Great George's St.*

MOORE STREET MARKET [114 C2]

Der Obst- und Gemüsemarkt wird gerne als Überbleibsel des alten Dublin zitiert, befindet sich inzwischen aber auch im Wandel, seit Händler aus Fernost und Osteuropa zugezogen sind. *Moore St. | Luas: Jervis*

TEMPLE BAR FOOD MARKET ⭐ [114 C4]

Der kleine Samstagsmarkt hat sich weitgehend irischen Lebensmitteln

>LOW BUDGET

> Nördlich der Liffey kaufen die einfachen Leute ein. Kaufhäuser wie *Dunnes* und *Arnotts* an der Henry Street verkaufen preiswerte Kleidung; der benachbarte Markt in der Moore Street ist eine gute Anlaufstelle für Lebensmittel.

> Secondhand-Bücher, -CDs, -Kleidung und mehr aus zweiter Hand gibt es in den „Charity Shops", deren Einnahmen wohltätigen Vereinen zugutekommen. Einige davon sind in und um die Capel Street zu finden. Bücher, auch in Deutsch, gibt es bei *Oxfam Books (25 Parliament Street)*.

> Auf dem Wochenendmarkt im Vorort Blackrock [123 E5] an der Küste südlich der Stadtmitte ist nicht alles preiswert, aber wer sucht, findet Schnäppchen: Kleidung, Accessoires, Wohnungseinrichtung, Esoterisches. *Main Street | Blackrock | Sa 11 bis 17.30, So 10–17.30 Uhr | DART: Blackrock*

verschrieben, vieles davon aus organischem Anbau. Besonders verlockend sind Farmhouse-Käse, geräucherter Fisch, handgemachte Pralinen, Marmelade und Gourmetwürstchen. *Sa 10–17 Uhr | Meeting House Square | Bus: Temple Bar*

■ MODE

KENNEDY AND MCSHARRY [115 D4]

Seit 1890 Dublins führende Adresse für Herrenmode. Der Familienbetrieb in vierter Generation verkauft Wollmützen und -hüte, wie ein irischer Gentleman sie trägt – konservativ, aber stilvoll. Dazu gute Regenmäntel, Tweedjacketts und passende Hemden. *37 Nassau St. | Bus: Nassau St.*

KILKENNY SHOP [115 D4]

Kleidung, Schmuck und Taschen junger einheimischer Designer machen dieses Geschäft stilvoller als die meisten Adressen für traditionell Irisches. Auch gutes Kunsthandwerk. *6 Nassau St. | Bus: Nassau St.*

URBAN OUTFITTERS [114 C4]

Streetwear auf drei Etagen beim Temple Bar Music Centre. Hier findet ein junges, lässiges Publikum das Aktuellste. *Cecilia St./Fownes St. | Temple Bar | Bus: Temple Bar*

■ MUSIK

CELTIC NOTE [115 D4]

Irische Volksmusik von A bis Z ist die Stärke dieses Ladens gegenüber dem Park von Trinity College. *12 Nassau St. | Bus: Nassau St.*

CLADDAGH RECORDS [114 C4]

Schon vor über 50 Jahren als Plattenlabel gegründet, um traditionelle irische Musik zu fördern, ist Claddagh heute noch immer eine führende Adresse. *2 Cecilia St. | Bus: Temple Bar*

ford-Kristallglas, Tafelgeschirr und Lampen gibt es Damenmode und warme Aran-Pullover, Bett- und Tischwäsche aus irischem Leinen,

Lauter Leckeres aus irischen Landen auf dem Temple Bar Food Market

WALTON'S WORLD OF MUSIC [114 C5]

Wer traditionelle irische Musik selbst spielen will, kann sich in dem charmant-altmodischen Laden mit Noten eindecken und z. B. eine irische Trommel *(bodhran)* oder eine kleine Pfeife *(tin whistle)* kaufen. *69 South Great George's St. | Bus: South Great George's St.*

■ SOUVENIRS

HOUSE OF IRELAND [115 D4]

Eine breite Palette irischer Erzeugnisse in guter Qualität ist die Stärke des House of Ireland. Außer Water-

keltischen Schmuck und geschnitzte Schachfiguren. *Ecke Nassau St./ Dawson St. | Bus: Nassau St. | auch am Flughafen*

■ WHISKEY

CELTIC WHISKEY SHOP [115 D5]

Große Auswahl irischer Whiskeys und schottischer Whiskys, berühmte und weniger bekannte Sorten wie *Redbreast* bis hin zu Raritäten wie Abfüllungen aus nummerierten Fässern mit *Tyrconnell*-Whiskey. *27–28 Dawson St. | www.celticwhiskeyshop. com | Luas: St. Stephen's Green*

> LASSEN SIE ES KRACHEN!

Oder ganz gemütlich angehen, was auch immer.
Nachts ist Dublin mindestens so bunt wie am Tag

> **Das Nachtleben und die Musikszene sind für viele die Hauptgründe, Dublin zu besuchen. Egal, ob Sie auf traditionelle irische Musik in typischen alten Kneipen stehen oder sich in neuen Designbars und Tanzclubs zu den aktuellsten Sounds die Nacht um die Ohren schlagen: Diese Stadt enttäuscht auch hohe Erwartungen nicht.** Und keiner weiß, wie viele Pubs es in Dublin gibt. 800? 1000? Genug jedenfalls, um wirklich jedem Geschmack gerecht zu werden, und so viele, dass ein wenig Orientierung nützlich ist.

Im Mittelpunkt steht das Viertel *Temple Bar* an der Südseite der Liffey. Hier reihen sich Pubs und Restaurants aneinander, und am Wochenende geht es bis in die frühen Morgenstunden und länger hoch her. Trendiger ist die Szene allerdings in den engen Straßen südlich der Dame Street, um Dame Lane und Exchequer Street. An der Nordseite der Lif-

AM ABEND

fey gegenüber von Temple Bar, am Ormond Quay und den Nebenstraßen, ziehen Themenbars wie *Pravda* und *Zanzibar* eine junge Kundschaft an. Türsteher sind übrigens allgegenwärtig. Sie lassen betrunkene und – bei den schicken Clubs – unpassend angezogene Besucher nicht hinein. Die Pubs im traditionellen Stil verteilen sich über die gesamte Innenstadt mit einem Schwerpunkt in Merrion Row und Baggot Street Lower.

Für einen kulturellen Abend empfiehlt sich in der Literaturstadt Dublin vor allem ein Theaterbesuch. Fehlen dafür die Englischkenntnisse, dann gibt es immer ein gutes Konzert, sei es Klassik, irische Volksmusik, Jazz oder Rock. Eintrittskarten gibt es über *Ticketmaster | Tel. 0035 314 56 95 69 (aus dem Ausland) | 08 18 71 93 00 (in Dublin) | www.ti cketmaster.ie,* oder direkt im *Tourist Office* in der Suffolk Street.

BARS & CLUBS

Alles Wissenswerte über Dublins Abendprogramm erfahren Sie im kostenlosen, zweimal monatlich erscheinenden Event Guide *(www.eventguide.ie),* unter *www.indublin.ie* und im monatlichen Blatt *Totally Dublin.*

tel ist eine Oase guten Stils mitten in Temple Bar. Besitzer Bono schaut nur selten vorbei, aber auch ohne ihn schmecken die Cocktails und das zu einem überraschend normalen Preis gezapfte Guinness. *So–Mi 12–23.30,*

Keine Sorge, im Pravda beschränkt sich die Ostalgie auf Name und Deko

■ BARS & CLUBS ■

NO. 4, DAME LANE   [114 C4]
Diese Bar mit Tanzfläche und guten DJs überrascht mit mittelalterlich anmutenden Fackeln am Eingang, ist innen zwischen hohen Backsteinmauern aber minimalistisch und modern eingerichtet. Die Bar oben ist intimer als unten, wo eine modebewusste Kundschaft an Longdrinks nippt. *Mo–Sa bis 2.30, So bis 1 Uhr | 4 Dame Lane | Bus: Dame St.*

OCTAGON BAR ▶▶   [114 C3]
Der achteckige, mit hellem Holz getäfelte Raum im noblen Clarence Ho-

Do–Sa 11–0.30 Uhr | 6–8 Wellington Quay | Bus: Temple Bar

POD ★ ▶▶   [120 C3]
Ziehen Sie sich für die prüfenden Blicke der Türsteher im PoD (Palace of Dance) gut an und spüren Sie dann der unterirdischen Atmosphäre auf der runden Tanzfläche in dem Granitgewölbe eines ehemaligen Bahnhofs nach. Die Beleuchtung und die Einrichtung des Clubs in Rot und Orange tragen auch ihren Teil zur Katakombenstimmung bei. *Mi–Sa 23 bis 2.20 Uhr | Harcourt St. | www.pod.ie | Luas: Harcourt St.*

PRAVDA [114 C3]

Halfpenny Bridge führt von Temple Bar aus direkt auf dieses Northside-Lokal im Sowjetlook zu. Tagsüber trinken Gäste in Ruhe einen Kaffee oder einen frühen Cocktail, abends wird es laut und lustig im großen Saal auf drei Ebenen. Das Sowjetthema beherrscht weder Geschehen noch Getränkekarte, sondern beschränkt sich auf die Wanddekoration. *So–Mi 16–23.30, Do 16–2.30, Fr–Sa 12 bis 2.30 Uhr | 35 Liffey St. Lower | Luas: Jervis*

ZANZIBAR ▶▶ [114 C3]

Zu den Stärken dieses Riesenlokals mit Platz für 1500 Partyfreunde auf zwei Ebenen gehören das üppige Dekor – Kamele, Palmen, exotische Beleuchtung – und die große Cocktailkarte. Freitags und samstags brummt es. Wer Interieur und gute Getränke **Insider Tipp** **ohne Gedränge genießen will, geht sonntags zum Jazz** hin. *34–35 Lower Ormond Quay | Luas: Jervis*

▆ KINO ▆

IRISH FILM INSTITUTE ▶▶ [114 C4]

Wer in Dublin ein anspruchsvolles Programmkino sucht, kommt am Irish Film Institute (IFI) nicht vorbei. Das Institut zeigt Klassiker, Kurz- und Dokumentarfilme sowie neue Streifen aus Irland und der ganzen Welt und ist Zentrum des alljährlichen Filmfestivals. Brauchen Sie tagsüber in Temple Bar eine Verschnaufpause, ist das **IFI Café** ein angenehmer Ort mit einfachen Gerichten **Insider Tipp** für wenig Geld, und man kann schauen, welche Freunde der Filmszene hier ein- und ausgehen. Angeschlossen ist eine gut sortierte Filmbuchhandlung. *6 Eustace St. | Tel. 679 34 77 | www.irishfilm.ie | Bus: Temple Bar*

SAVOY [115 D2]

Dieses gepflegte, altmodische Kino mit seinen sechs Sälen besticht durch die zentrale Lage und zeigt stets das Neueste aus Hollywood. *16–17*

MARCO POLO HIGHLIGHTS

★ **The Brazen Head**
Gemütlich-historisches Ambiente und jeden Abend traditionelle Musik (Seite 72)

★ **PoD**
Wo früher die Züge hielten, legen heute DJs Tanzmusik auf (Seite 70)

★ **Mulligan's**
Klassiker unter den etablierten Dubliner Pubs (Seite 74)

★ **Gate Theatre**
Erstklassiges Schauspiel im Saal des 18. Jh. (Seite 77)

★ **The Cobblestone**
So unscheinbar er aussieht: Dieser Pub ist herausragend in der Dubliner Musikszene (Seite 72)

★ **Crawdaddy**
1a-Adresse für Livemusik, wie PoD im ehemaligen Bahnhof Harcourt Station (Seite 73)

★ **The Stag's Head**
Gepflegte Kneipe mit einer Inneneinrichtung aus dem 19. Jh. (Seite 76)

KLASSISCHE MUSIK

O'Connell St. | Tel. 874 84 87 | Luas: Abbey St.

SCREEN [115 D3]

Dieses beim jungen Publikum beliebte Haus mit drei Kinosälen (zwei davon mit Doppelsitzen für Verliebte) zeigt zum einen das Standardangebot der Filmindustrie, zum anderen abr auch anspruchsvolle Independent-Filme. Werfen Sie einen Blick auf die schöne Bronzeplastik eines Platzanweisers vor dem Kino. *D'Olier St. (nördl. von Trinity College) | Tel. 672 55 00 | Bus: College Green*

Insider Tipp

■ KLASSISCHE MUSIK ■

Klassische Musik ist nicht die Stärke der irischen Hauptstadt. Es gibt kein Opernhaus, nur die *National Concert Hall* ist ein fester Veranstaltungsort für Klassik. Dublins Chöre und Orchester treten z. B. in der *O'Reilly Hall* von Trinity College, in den *Ka-* thedralen, gelegentlich im *Museum of Modern Art* oder in der *RDS Concert Hall* (Royal Dublin Society Showground, Ballsbridge) auf. Besonderer musikalischer Höhepunkt ist die vom *Palestrina Choir* gesungene Messe in St. Mary's Pro-Cathedral *(So 11 Uhr)*.

NATIONAL CONCERT HALL [120 C3]

Seit 1981 hat das National Symphony Orchestra der Radio- und Fernsehgesellschaft RTÉ eine ständige Heimat in dieser 1200 Zuhörer fassenden Halle mit guter Akustik. Der kleinere *John Field Room* wird vor allem für Kammermusik und Jazz genutzt. *Earlsfort Terrace | Tel. 417 00 00 | www.nch.ie | Luas: St. Stephen's Green*

■ LIVEMUSIK ■

THE BRAZEN HEAD ★ ▶▶ [114 A4]

Im mittelalterlichen Stil mit Zinnen und brennenden Fackeln begrüßt „Irlands ältester Pub", angeblich anno 1198, Freunde von Musik und Bier. Das mittelalterliche Gründungsjahr ist mehr als zweifelhaft, aber gesichert ist, dass seit immerhin etwa 1600 an dieser Stelle eine Taverne steht. Jeden Abend ab 21.30 Uhr treten Gruppen im rappelvollen Saal neben dem gepflasterten Hof auf. Wenn es im Gedränge zu heiß hergeht, kühlt man sich bei einem Bier im Hof ab. *20 Lower Bridge Street | Tel. 677 95 49 | www.brazenhead.com | Eintritt frei | Luas: Four Courts*

THE COBBLESTONE ★ ▶▶ [118 B6]

Nicht schöne Einrichtung, sondern gute Musik wird hier großgeschrieben. Das Schild im Musikerbereich neben dem Eingang „Listening area

▶ LOW BUDGET

▶ Das Bier ist in Dublins Pubs nicht billig, aber oft wird dort Livemusik gespielt, ohne dass Sie Eintritt dafür zahlen müssen. Gute Adressen: The *Brazen Head (Bridge Street)*, *Oliver St. John Gogarty (Fleet Street)* und andere in Temple Bar

▶ Im Juli und August gibt es jeden Samstag ab 21.30 Uhr Freilichtkino auf dem *Meeting House Square* in Temple Bar. Gezeigt werden meist Klassiker, die Tickets sind kostenlos. Karten: *Temple Bar Information Centre | 12 East Essex Street | www.visit-templebar.ie*

Der Club für anspruchsvolle Ohren und Kehlen: Crawdaddy

– please respect musicians" weist darauf hin, dass lautes Gerede dort unerwünscht ist. Im Pub selbst wird in lockerer Stimmung spontan musiziert, im *The Backroom* im Untergeschoss treten neue und bekannte Gruppen vor zahlendem Publikum auf. Ein Ort mit authentischer Stimmung, den Kenner der irischen Musikszene hoch schätzen. *77 North King St. | Tel. 872 17 99 | Luas: Smithfield*

Insider Tipp

CRAWDADDY ⭐ ▶▶   [120 C3]
Kein Riesenclub. Crawdaddy setzt auf Qualität für ein Publikum mit Geschmack und holt neue wie bekannte Musiker aus der ganzen Welt. Afrikanische Rhythmen, Jazz und Reggae finden sich häufig im Programm. Die perfekte Einstimmung auf ein Konzert ist ein Getränk in der angeschlossenen *Lobby Bar*. Freitag ist Clubnacht unter dem Namen *515@Crawdaddy*. Dann gibt es House, Hip-Hop und mehr bis tief in die Nacht. *Öffnungszeiten je nach Veranstaltung | Harcourt St. | Tel.*

622 43 05 | www.pod.ie | Luas: Harcourt

O'DONOGHUE'S ▶▶   [115 E6]
Diese einfach gehaltene Kneipe genießt einen legendären Ruf wegen der Qualität der irischen Musik, die hier fast jeden Abend zu hören ist. O'Donoghue's ist vor allem als Wiege der beliebten Gruppe *The Dubliners* bekannt. Der Ruhm der Kneipe und die Touristen, die hier vorbeischauen, taten der urigen Stimmung bisher keinen Abbruch. An warmen Tagen und wenn die Innenräume voll werden, trinken Gäste ein Guinness an den Stehtischen draußen. *15 Merrion Row | Tel. 660 71 94 | www.odonoghuesbar.com | Luas: St. Stephen's Green*

THE O2   [119 F6]
Das umgebaute Lagerhaus an der Nordseite der Liffey etwa 1,5 km östlich der O'Connell Street ist Dublins führender Ort für große Musikveranstaltungen. Hier gastieren Weltstars vor bis zu 3000 sitzenden oder 5000

PUBS

stehenden Fans. *North Wall Quay |
Tel. 676 61 44 | www.theo2.ie | Bus:
Nr. 53 oder bei Großveranstaltungen
Pendelbus ab Parkplatz Connolly Sta-
tion*

TEMPLE BAR MUSIC CENTRE ▶▶ [114 C4]
Schwerpunkt des Programms sind
neue, innovative Musiker und Bands;
aber auch bekannte Altstars wie Van
Morrison sind hier aufgetreten. *Cur-
ved St. | Tel. 670 92 02 | www.tbmc.ie
| Bus: Temple Bar*

Insider Tipp

WHELAN'S ▶▶ [120 C3]
Einfach gehaltene Kneipe und zugleich berühmter Standort für Musik
verschiedener Richtungen: Rock, In-
die, traditionell, elektronisch und irische Liedermacher. Die Wexford
Street ist Mittelpunkt des leicht heruntergekommenen *Village Quarter*. Weitere Musiklokale in der Nähe sind *The
Village (26 Wexford St.)* und *Anseo
(28 Camden St.)*. *25 Wexford St. | Tel.
478 07 66 | www.whelans live.com |
LUAS: St. Stephen's Green*

■ PUBS

INTERNATIONAL BAR [115 D4]
Trotz der Nähe zu den schnelllebigen
Ausgehvierteln nördlich Dame Street
und in Temple Bar behält die Familie,
die in dritter Generation das Lokal
führt, den unverfälschten Charakter
der Kneipe bei und vermarktet ihre
Erwähnung in James Joyces Roman
Ulysses nicht. Der Guinness-Preis ist
für die Lage ziemlich human und das
Publikum eine angenehme Mischung
aus Alt und Jung, Schick und Schäbig.
Die Räume im Keller und oben sind
auch für Comedy und Jazz bekannt.
Wicklow St. | Bus: Dame St.

MULLIGAN'S ★ [115 E3]
Wenn Sie sich in diesem alten Pub
umschauen, dann wissen Sie, warum
er seit Generationen eine Institution
in Dublin ist. Dunkles Holz, diskrete

> EIN BIER GEHT UM DIE WELT
... dank zahlloser Irish Pubs von Köln bis Kalkutta

Wieso ist den meisten Menschen auf
der Welt das dunkle Bier mit dem un-
verwechselbaren Geschmack ein Be-
griff? Das liegt vermutlich an den Irish
Pubs, die es wohl auf allen Kontinenten
gibt. Mit Beratung, Inneneinrichtung
und Lieferung seiner berühmten Bier-
sorte forciert das Unternehmen Guinness Existenzgründungen von Iren im
Ausland. Die erste irische Kneipe auf
dem europäischen Festland eröffnete
1972 in Frankfurt am Main, seitdem ka-
men unzählige hinzu. Der Nachschub ist
gesichert, denn Arthur Guinness unter-
schrieb im Jahr 1759 eine 9000-jährige
Pacht für das 20 ha große Brauereige-
lände im Westen Dublins, abgesehen
von den anderen 50 Brauereien in aller
Welt, die Guinness herstellen. Der
Name Stout für die Sorte steht für ein
dunkles Bier mit vollem Körper. Die
schwarzrote Farbe verleiht das auf hohe
Temperatur erhitzte und deshalb dunkle
Malz. Auch der Gerstenanteil von etwa
10 Prozent – nicht gemälzt, sondern ge-
röstet – ist wichtig. Er verleiht dem
Guinness seinen besonderen Geschmack.

Ecken und Theaterposter schaffen eine Stimmung, die schon James Joyce und John F. Kennedy (als junger Zeitungsreporter) zu schätzen wussten. Und keiner zapft Guinness besser als die Crew hinter dem Tresen. *8 Poolbeg St. | DART: Tara St.*

Bierfreunde. Über Guinness soll kein negatives Wort fallen, denn das schwarze Lebenselixier ist über jede Kritik erhaben. Dennoch: In Dublin herrscht quasi eine Bier-Monokultur, weil die alles beherrschende Brauerei die Zapfhähne fast jeder Kneipe mit

Mulligan's: In keinem Pub wird das Guinness besser gezapft als hier

Insider Tipp | THE LONG HALL [120 C2]

Wunderbar unverfälschte Kneipe, in der sich ein ganz normales Dubliner Publikum trifft. Der Raum ist ein langer Schlauch mit viel Spiegelglas, schönen Kristallleuchtern und geschnitztem Holz. *51 South Great George's St. | Bus: South Great George's St.*

THE PORTERHOUSE 🔊 [114 B4]

Der belebte Pub mit Theken auf mehreren Ebenen ist ein Glücksfall für Guinness und verbündeten Biersorten besetzt. Die Mikrobrauerei Porterhouse schenkt dagegen eigene Erzeugnisse in allerbester Qualität aus. Probieren Sie doch mal *Porterhouse Red* oder – im Falle von Heimweh – die mit deutschem Hopfen gebraute Pilssorte *Templebräu*. Dazu wird deftige Pubküche wie Bangers & Mash oder Irish Stew gereicht. An Wochenenden wird außerdem Livemusik gespielt. *16–18 Parliament St. | Bus: Temple Bar*

Schöner Biertrinken im Stag's Head

SIN E ▶▶ 📶 [114 B3]

Das schlicht eingerichtete Lokal, ein langer Schlauch mit niedriger Decke und schummriger Beleuchtung, zieht ein junges Publikum an, das einen traditionellen Pubstil dem coolen Styling vieler neuer Lokale vorzieht. Warme Gerichte werden bis zum frühen Abend serviert, später pulsiert der Raum mit Musik vom DJ *(Fr bis So)* oder Livebands *(Mo–Do)*. Die Auswahl an Biersorten, z. B. Erdinger und Staropramen, ist größer als in den meisten Kneipen. *14–15 Ormond*

Quay zwischen Capel St. und Arran St. East. | Luas: Jervis

THE STAG'S HEAD ⭐ [114 C4]

Die Inneneinrichtung aus viktorianischer Zeit ist ausgesprochen sehenswert: bunte Glasfenster mit dem namensgebenden Hirschkopfmotiv („stag's head"), rote Plüschsitze, dunkles Holz, alte Spiegel und Tische mit Marmorplatte. An den Wochenenden wird die in einer kleinen Gasse zwischen der Trinity Street und der South Great George's Street versteckte Kneipe richtig voll. Dann gibt es Livemusik im Keller und eine zusätzliche Bar in der ersten Etage. *1 Dame Court | Bus: Dame St.*

■ TANZ

COISCEIM

Das kreative Ensemble für modernen Tanz (der Name bedeutet „Fußstapfen") unter dem führenden irischen Choreografen David Bolger sorgt seit 1995 für Aufsehen im In- und Ausland. Aufführungen finden an verschiedenen Orten statt, oft im *Project Arts Centre (39 Essex St. East | Karten 10–18 Uhr | Tel. 881 96 13 | www.project.ie | Bus: Temple Bar). Infos unter Tel. 878 05 58 oder www.coisceim.com*

O'SHEA'S MERCHANT ▶▶ [114 A4]

Traditioneller irischer Tanz („set dancing") ist in der Provinz stärker verwurzelt als in Dublin, wo ein junges Publikum Internationales und Modernes bevorzugt. Der große Pub O'Shea's hat aber noch Platz für Tradition. Im hinteren Bereich finden traditionelle Musiksessions statt. Die Pubküche bietet passende deftige Ge-

richte wie Irish Stew. *12 Bridge St.
Lower | Musik und Tanz jeden Abend |
Eintritt frei | Luas: Four Courts*

■ THEATER & SHOWS ■

ABBEY THEATRE [115 D2]

Seit seiner Gründung im Jahr 1904
hat das Abbey Theatre einen prominenten Platz im kulturellen Leben
des literaturbesessenen Landes. Damals kam es bei Uraufführungen von
„schockierenden" neuen Werken wie
Sean O'Casey's *Der Pflug und die
Sterne* noch zu Ausschreitungen.
Heute ist The Abbey eine seriöse
Adresse für gute Aufführungen. Die
kleinere Studiobühne *The Peacock*
widmet sich meist den Werken neuer
Dramatiker. *26 Abbey St. Lower |
Karten Mo–Sa 10.30–19 Uhr Tel.
878 72 22 | www.abbeytheatre.ie |
Luas: Abbey St.*

GAIETY THEATRE [115 D5]

Allein die extravagante Innenarchi-
tektur dieses Theaters aus dem Jahr
1871 lohnt schon einen Besuch. Sein
Programm spricht ein breites Publikum an: Musicals, Dramen bekannter
Autoren, Konzerte, Oper. *King St.
South | Karten Mo–Sa 10–18 Uhr |
Tel. 677 17 17 | www.gaietytheatre.
com | Luas: St. Stephen's Green*

GATE THEATRE  [118 C5]

Ein wunderschöner Saal aus dem
18. Jh. ist der Rahmen für Werke bekannter europäischer und amerikani-
scher Autoren, aber auch junger irischer Talente. The Gate ist auch für
Fans von Samuel Beckett eine wichtige Adresse. *1 Cavendish Row (am
Parnell Square) | Karten Mo–Sa 10
bis 19.30 Uhr | Tel. 874 40 45 | www.
gate-theatre.ie | Bus: O'Connell St.*

► IRISCHE RAUBEINE
Runde Bälle, ovale Bälle und richtig viel Leidenschaft

Iren sind sportbegeistert, aber dabei na-
tionalbewusst. Nicht dem Fußball, sondern Rugby, *Gaelic Football* und *Hurling*
(eine aggressive Mischung aus Fußball
und Hockey) gehört ihre Leidenschaft.
Die Dubliner erwärmen sich vor allem
für gälischen Fußball, während Hurling
in den ländlichen Regionen verbreiteter
ist. Gaelic Football ähnelt Rugby: der
Ball wird auch mit Händen und Füßen
gespielt, ist aber rund statt oval, und es
gibt einen Torwart. Das „H"-förmige Tor
besteht aus zwei langen senkrechten
Stangen und einer waagerechten. Ein
Tor unterhalb der Querlatte erzielt drei
Punkte, eins darüber einen Punkt. Die
wichtigsten Spiele der *All Ireland Foot-*
ball Championship werden zwischen
April und September, die der *National
Hurling League* zwischen Februar und
April im *Croke Park Stadion* der *Gaelic
Athletic Association* ausgetragen *(Jones
Road | nördlicher Vorort Drumcondra |
Tel. 836 32 22 | www.crokepark.ie).*
Höhepunkt für die Rugbyfans ist die *Six
Nations Championship (Jan.–März)* zwischen England, Frankreich, Irland, Italien, Schottland und Wales. Das *Lansdowne Road Stadium* im südlichen Vorort Ballsbridge *(DART: Lansdowne Road
| Tel. 668 46 01 | www.irishrugby.ie)*
wird gerade neu gebaut und ist voraus-
sichtlich 2010 fertig. Bis dahin wird
im *Croke Park Stadion* gespielt.

> DUBLIN SCHLÄFT NICHT ...

... aber ein nettes Zimmer zum Ausruhen und ein Plätzchen fürs Gepäck schaden auf keinen Fall

> **Irische Gastfreundschaft ist sprichwörtlich. Zugegeben, sie gedeiht am besten auf dem Lande, aber auch in der modernen Großstadt lebt sie weiter.**

Nobelherbergen, Familienhotels der mittleren Klasse und Privatunterkünfte für Übernachtung mit Frühstück („Bed & Breakfast") bereiten dem Gast einen herzlichen Empfang. Das Angebot einer Stadt, die als Finanzzentrum und als beliebtes Kurzreiseziel sowohl geschäftliche Besucher als auch Touristen aufnimmt, ist breit – aber auch ziemlich teuer. Und angesichts der hohen Auslastung gewähren Dubliner Hotels nur eingeschränkt Preisnachlässe, etwa während des Winterhalbjahres, wenn gerade kein Sportereignis ansteht, zumeist von Sonntag bis Donnerstag und bei Reservierungen für mehrere Nächte.

Üblicherweise ist das sättigende warme irische Frühstück im Über-

Bild: Harrington Hall, Lobby

ÜBER NACHTEN

nachtungspreis inbegriffen, manchmal aber auch kontinentales (d.h. kaltes) Frühstück. Klären Sie das bei Ihrer Buchung. Vor allem Luxushotels stellen das Frühstück bisweilen gesondert in Rechnung.

Liegt der Fokus Ihres Dublinbesuchs eher auf dem Nachtleben, dann sollte Ihre Unterkunft im Zentrum liegen. Suchen Sie aber eine grüne Umgebung und gute Luft zur Erholung nach dem Sightseeing oder der Einkaufstour, gibt es in den Vororten, an der Küste oder am Phoenix Park passende Angebote in verschiedenen Preisklassen.

Die georgianische Architektur gehört zu den besonderen Attraktionen in Dublin. Da liegt es nahe, sie nicht nur von außen zu genießen, sondern ein Hotel in einem der Stadthäuser aus dem 18. Jh. zu buchen. Spielt Geld keine Rolle, dann ist das *Merrion Hotel* die erste Adresse. *Staun-*

HOTELS €€€

Im „Shelbourne" färbt der Glanz vergangener Tage auch auf die Gäste ab

ton's on the Green und *Harrington Hall* strapazieren die Reisekasse etwas weniger.

Schließlich gibt es eine größere Zahl von Mehrbettzimmern in privat geführten Jugend- und Backpackerherbergen, denn Dublin ist ein Magnet für junge Besucher aus der ganzen Welt.

Dublin Tourism bietet eine gute Zimmervermittlung inkl. Onlinebuchung unter *www.visitdublin.com*. Schauen Sie hier nach Sonder- und Last-Minute-Preisen. Beratung und Buchung ist auch telefonisch oder direkt in den Büros von *Dublin Tourism* am Flughafen und in der Innenstadt möglich. Die Website *www.dublinks.com* ist ebenfalls eine gute Quelle.

HOTELS € € €

DEER PARK HOTEL HOWTH [123 F4]
Das Besondere dieses Hotels, eines unspektakulären Baus der 1970er-Jahre, ist die Lage auf dem 1,8 km^2 großen Anwesen von *Howth Castle* mit seinen Golfplätzen und einem berühmten Rhododendrenpark – die <mark>Blütezeit Ende Mai ist der beste Zeitpunkt für einen Aufenthalt.</mark> ^{Insider Tipp} Viele Zimmer mit Meerblick, Schwimmbad, Tennisplätze, Wellnessbereich und das *Four Earls Restaurant* stehen den Gästen zur Verfügung. Der Hafen und die Fischlokale von Howth sind zu Fuß bequem erreichbar. *84 Zi. | Deer Park | Howth | Tel. 832 34 89 | Fax 839 24 05 | www. deerpark-hotel.ie | DART: Howth*

GRESHAM HOTEL [115 D1]
Seit 1817 steigen anspruchsvolle Besucher im Gresham ab. Noch vor wenigen Jahren nagte der Zahn der Zeit kräftig an der „alten Dame", aber eine umfassende Renovierung sorgte dafür, dass die imposante Fassade und die große Lobby heute halten, was sie versprechen. Wer sich die Übernachtung nicht leisten, aber den gediegenen Stil trotzdem genießen will, schaut zum köstlichen Nachmittagstee zwischen 14 und 18 Uhr vorbei. *289 Zi. | 23 O'Connell St. Upper | Tel. 874 68 81 | Fax 878 71 75 |*

www.gresham-hotels.com | Flughafenbus: 747, 748, Aircoach O'Connell St.

NUMBER 31 [121 D3]

In einem der elegantesten Stadtteile führt das Ehepaar Comer ein charaktervolles Haus, das aus einem georgianischen Bau am Fitzwilliam Place und einem modernen Anbau im Leeson Close besteht. Alle Zimmer sind individuell eingerichtet mit eigenem Bad, Frühstück wird in einem wunderschönen Wintergarten serviert, der Empfang ist sehr freundlich. Parkplätze stehen zur Verfügung. 21 Zi. | 31 Leeson Close | Tel. 676 50 11 | Fax 676 29 29 | www.num ber31.ie | Bus: Aircoach Leeson St. Lower

THE SHELBOURNE 🔊 [115 D6]

Diese Dubliner Institution öffnete 2007 wieder als Marriott Hotel nach einer gründlichen Renovierung. Die *Heritage Rooms* im alten Flügel bewahren die Eleganz vergangener Tage. Etwas preiswerter, aber durchaus luxuriös sind die Zimmer im modernen Flügel. Nachmittagstee in der *Lord Mayor's Lounge* ist ein Erlebnis; auch in der *Oyster Bar* trifft sich

Insider Tipp

abends gern die schicke Gesellschaft, um Austern zu schlürfen und Champagner zu trinken. 265 Zi. | 27 St. Stephen's Green | Tel. 663 45 00 | Fax 661 60 06 | www.marriott.com | Aircoach: St. Stephen's Green

◼ HOTELS € €

ARIEL HOUSE ⭐ 🔊 [121 F3]

Das Hotel im ruhigen, schönen Vorort Ballsbridge südöstlich des Zentrums ist ein stilvolles Haus aus dem 19. Jh., das mit Liebe zum Detail mit Antiquitäten möbliert wurde. Alle Zimmer haben ein eigenes Bad, die Stadtmitte ist zu Fuß erreichbar. 37 Zi. | 50–54 Lansdowne Road | Tel. 668 55 12 | Fax 668 58 45 | www. ariel-house.net | DART: Lansdowne Road

BUSWELL'S HOTEL 🔊 [115 E5]

Mitten im Regierungsviertel und nahe der besten Einkaufsgegend liegt das nicht besonders modische, aber komfortable Buswell's Hotel. Passend zur georgianischen Architektur der drei historischen Stadthäuser sind die Gästezimmer mit dunklen Holzmöbeln klassisch eingerichtet. Gäste dürfen den bewachten Parkplatz nutzen und in der gemütlichen *Buswell's*

MARCO POLO HIGHLIGHTS

⭐ **Clarence Hotel**
Wie es U2 gefällt: Luxus mit Stil direkt am Fluss (Seite 82)

⭐ **Harrington Hall**
Georgianisch und familiär in der einstigen Nonnenherberge logieren (Seite 82)

⭐ **Ariel House**
Stilvolles Hotel in einem grünen Vorort (Seite 81)

⭐ **Trinity College**
Wohnen, wo andere büffeln: Zimmer in der 400 Jahre alten Universität (Seite 85)

Bar essen und trinken. *67 Zi. | 23–27 Molesworth St. | Tel. 614 65 00 | Fax 676 20 90 | www.buswells.ie | Bus: Aircoach Merrion Square*

HARRINGTON HALL ⭐ 📶 [120 C3]
Nur wenige Hotels in der Stadtmitte haben die persönliche Note dieses Familienbetriebs nahe St. Stephen's Green. Nach der umfassenden Reno-

vierung in angenehmen Blau- und Gelbtönen ist der Komfort des georgianischen Hauses wesentlich höher als zu Zeiten seiner einstigen Nutzung – eine von Nonnen geführte Herberge für junge Frauen. Kostenlose Parkplätze und ein gutes Frühstück gibt es auch. Fragen Sie, ob ein ==Zimmer in der ersten Etage== frei ist – hier sind die Fenster höher, der

 Insider Tipp

> LUXUSHOTELS
Exquisites Wohnen und Übernachten

CLARENCE HOTEL ⭐ 📶 [114 C3]
Das ehrwürdige Hotel im Viertel Temple Bar gefiel den U2-Musikern Bono und Edge so gut, dass sie es kauften und in eine schicke Nobelherberge verwandelten. Die Zimmer sind individuell möbliert und haben Badezimmer, die keinen Wunsch offen lassen. Doppelzimmer ab 220 Euro, mit Liffey-Blick über 300 Euro. *49 Zi. | 6–8 Wellington Quay | Tel. 407 08 00 | Fax 407 08 20 | www.the clarence.ie | Bus: Temple Bar*

DYLAN HOTEL ▶▶ 📶 [121 E3]
Hinter der reich verzierten Backsteinfassade des einstigen Schwesternheims steckt ein Designhotel mit individuell eingerichteten Zimmern (ab 200 Euro) in sinnlich-überbordendem Stil. Die Lage: ein grünes Wohnviertel südlich des Grand Canal und nicht weit von der Stadtmitte. *44 Zi. | Eastmoreland Place | Tel. 660 30 00 | Fax 660 30 05 | www. dylan.ie | Aircoach: Northumberland Road, dann kurzer Fußwege*

MERRION HOTEL [115 E6]
Staatsgäste logieren gern in dem Zusammenbau vier nobler Stadthäuser aus

dem 18. Jh. gegenüber der Regierung. In Nr. 24 kam der Herzog von Wellington zur Welt. Die Inneneinrichtung bewegt sich zwischen klassizistisch (Nr. 22) und Rokoko (Nr. 21). Schwimmbad, Wellnessbereich und zwei Restaurants, darunter das des Sterne-Kochs *Patrick Guilbaud*, sind selbstverständlich. Doppelzimmer ab 410 Euro. *142 Zi. | Upper Merrion Street | Tel. 603 06 00 | Fax 603 07 00 | www.merrionhotel.com | Bus: Aircoach Merrion Square*

MORRISON HOTEL 📶 [114 C3]
Der Modeschöpfer John Rocha zeichnet für das Design des ultra-coolen Hotels verantwortlich. Hinter der georgianischen Fassade am Südufer der Liffey verbirgt sich eine viel gelobte Inneneinrichtung, die Ocker, Rot und Gold den sonst ruhigen Farben entgegensetzt. Zur Ausstattung der Zimmer gehören Kunstwerke und eine erstklassige Musikanlage. Der Nachtclub *Lobo* im japanischen Stil und das Restaurant *Halo* liegen im Haus. Doppelzimmer ab 175 Euro. *138 Zi. | Ormond Quay | Tel. 874 40 39 | Fax 878 31 85 | www.mor risonhotel.ie | Luas: Jervis*

Blick auf das Straßengeschehen besser. 28 Zi. | 70 Harcourt St. | Tel. 475 34 97 | Fax 475 45 44 | *www.harringtonhall.com* | *Luas: Harcourt*

JURY'S INN CUSTOM HOUSE [115 F3]

Das 3-Sterne-Hotel in den Docklands nahe dem historischen Custom House gehört zu einer für zuverlässige Qualität bekannten Kette. Falls Ihnen die Kategorie zusagt, die Lage aber nicht: Gegenüber der Christchurch Cathedral und in der Parnell Street gibt es weitere Jury's Inns. 239 Zi. | *Custom House Quay* | *Tel. 607 50 00* | *Fax 829 04 00* | *www.jurysinns.com* | *DART/Luas: Connolly*

PARK INN [118 B6]

Dieses moderne Haus besitzt zwar keinen besonderen Charme, bietet aber ein gutes Preis-Leistungs-Verhältnis in einer teuren Stadt. Die Lage im sanierten Smithfield-Viertel direkt neben der *Chimney Viewing Platform* ist günstig, einige Sehenswürdigkeiten und empfehlenswerte Pubs liegen in der Nähe. 73 Zi. | *Smithfield Village* | *Tel. 817 38 00* | *Fax 817 38 39* | *www.rezidorparkinn.com* | *Luas: Smithfield*

THE TOWNHOUSE [115 E2]

Das freundlich geführte Hotel besteht aus zwei alten Stadthäusern und einem Anbau. Die Betten sind bequem, die Zimmer gut ausgestattet, das Frühstück üppig. Zu Fuß ist O'Connell Street nur fünf, die Haltestelle der Flughafenbusse nur zwei Gehminuten entfernt. 40 Zi. | *47–48 Lower Gardiner St.* | *Tel. 878 88 08* | *Fax 878 87 87* | *www.townhouseofdublin.com* | *Luas: Busaras, Flughafenbus 747, 748*

◼ HOTELS €

ABBOTT LODGE ⋙ [115 E2]

In diesem gut geführten Bed & Breakfast-Haus aus georgianischer Zeit verfügen alle Zimmer über ein eigenes

Ein Mann von Welt: Page im Merrion Hotel

Bad. O'Connell Street, Busbahnhof und Connolly Station sind zu Fuß schnell erreichbar. 29 Zi. | *87–88 Lower Gardiner St.* | *Tel. 836 55 48* | *Fax 836 55 49* | *www.abbott-lodge.com* | *Luas: Busaras; Flughafenbus 747, 748*

ABC GUESTHOUSE ⋙ [119 D2]

Ein freundlicher Empfang, ein reichhaltiges Frühstück und drei gepflegte, unterschiedlich große Zimmer erwarten Besucher in diesem preiswerten Bed & Breakfast im Dubliner Norden direkt auf der Busroute zwischen Flughafen und Innenstadt. *57 Drumcondra Road Upper* | *Tel. 836 74 17* | *www.abchousedublin.com* | *Bus ab Flughafen: 16A, 41, 746 bis Haltestelle Skylon Hotel; ab Innenstadt zahlreiche Buslinien, z. B. 3, 16, 41*

DAYS INN 🔊 [115 E2]

Den Zimmern der Days-Inn-Hotelkette fehlt zwar der individuelle Charakter, doch sind sie modern, hell, angenehm eingerichtet und günstig: eine bequeme Unterkunft mitten in Dublin für weniger als 100 Euro. Es gibt auch Familienzimmer mit vier Betten und einen hoteleigenen Parkplatz. *60 Zi. | Talbot St. | Tel 874 92 02 | Fax 874 96 72 | www. daysinntalbot.com | Bus: Aircoach, 747, 748 O'Connell St.*

PHOENIX PARK HOUSE [117 F5]

Die Einzel-, Doppel- und Familienzimmer mit eigenem Bad sind geschmackvoll eingerichtet. Das gute Frühstück gibt's auch in einer vegetarischen Version. Für Jogger und alle, die auch in der Großstadt Wert auf frische Luft legen, liegt der Phoenix Park direkt vor der Tür, verkehrsgünstig ist die Nähe zu Heuston Station. *29 Zi. | 38–39 Parkgate St. | Tel. 677 28 70 | Fax 679 97 69 | www. dublinguesthouse. com | Flughafenbus 748 und Luas: Heuston*

■ JUGENDHOTELS & STUDENTENZIMMER

AVALON HOUSE [114 C6]

Einzel-, Doppel-, Vierbett- und Mehrbettzimmer ab 15 Euro inkl. Frühstück in einem Haus mit Charakter, einer ehemaligen Akademie für Medizin. Temple Bar und St. Stephen's Green sind zu Fuß erreichbar. Küche, Internet und Schließfächer stehen zur Verfügung. *281 Betten | 55 Aungier St. | Tel. 475 00 01 | Fax 475 03 03 | www.avalon-house.ie | Bus: 16A ab Flughafen*

GLOBETROTTERS [115 E2] *Insider Tipp*

Im Souterrain und den hinteren Räumen eines historischen Stadthauses liegen saubere Zimmer mit sechs, acht, zehn oder zwölf Betten. Diese Backpacker-Herberge ist etwas ruhiger als andere, die näher an Temple Bar liegen. Und sie hat den besonderen Vorteil, dass ein großzügiges irisches Frühstück im Preis inbegriffen ist. Außerdem kostenloser Internetanschluss und Nutzung des Gartens im Innenhof. *60 Betten | 46–48 Lower Gardiner St. | Tel. 873 58 93 | Fax 878 87 87 | www.globetrotters dublin.com | Flughafenbusse 41 und 41C halten vor der Tür | Luas: Busaras*

>LOW BUDGET

> Wer feiern und dann direkt ins Bett fallen will, ist in der Backpacker-Herberge *Barnacles* mitten in unruhigen Temple Bar am richtigen Platz. Das Haus ist sauber und sicher, die Zimmer hell und relativ geräumig. Doppelzimmer kosten ab 35 Euro, im Mehrbettzimmer zahlen Sie ab 16 Euro pro Nacht. *1 Cecilia Street | Tel. 671 62 77 | www.barnacles.ie*

> Eigentlich eine Studentenunterkunft vermietet *Mercer Court* in den Semesterferien zwischen Ende Juni und September 100 Zimmer mit Bad an Dublin-Besucher – billiger als im Trinity College und teilweise mit besserem Standard. Zentral gelegen nahe St. Stephen's Green, Einzelzimmer ab 60, Doppelzimmer ab 90 Euro. *Lower Mercer Street | Tel. 478 03 28 | www.mercercourt.ie*

ÜBERNACHTEN

TRINITY COLLEGE ⭐ [115 D4]
In den Semesterferien von Juni bis September vermietet die Universität historische und moderne Studentenzimmer an Dublinbesucher. Der Komfort ist akzeptabel, der Charakter der Zimmer unterschiedlich. Viele haben einen schönen Blick auf die alten Höfe des College, etwa die Hälfte ein

John Gogarty mitten im Ausgehviertel Temple Bar sind angesichts der Lage überraschend ruhig und so für einen ==Familien- oder einen Gruppenurlaub== eine echte Alternative zu den teuren Hotels in der Stadtmitte.

Insider Tipp

Fünf Wohnungen haben zwei Schlafzimmer für max. vier Personen, ein weiteres Apartment bietet

Logieren statt studieren: Im Trinity College können Sie im Sommer Studentenbuden mieten

eigenes Bad. Es gibt auch Doppelzimmer und kleine Apartments mit Küche. Übernachtung mit Frühstück 60 Euro/Person. *800 Zi.* | *Trinity College* | *Tel. 608 11 77* | *Fax 671 12 67* | *www.tcd.ie/accommodation/Visitors* | *Bus: Aircoach Grafton St.*

▮ WOHNUNGEN ▮▮▮▮▮▮▮▮
OLIVER ST. JOHN GOGARTY PENTHOUSE APARTMENTS 🌿🛜 [115 D3]
Die Wohnungen in der fünften Etage über dem bekannten Pub *Oliver St.*

drei Schlafzimmer für sechs Personen, und alle verfügen über Wohn- und Esszimmer sowie Küche. Der Blick über die Dächer von Dublin ist einfach großartig, die zentrale Lage unschlagbar und der Preis (etwa 40–50 Euro pro Person und Nacht an Wochentagen, 60–70 Euro an Wochenenden, wenn alle Betten belegt sind) sehr vernünftig. *6 Apts.* | *18–21 Anglesea St.* | *Tel. 671 18 22* | *Fax 671 76 37* | *www.olivergogartys.com* | *Bus: Aircoach Grafton St.*

ZU WASSER UND ZU LAND

In Dublins Parks, im grünen Umland und an der nahen Küste gibt's Platz und Gelegenheiten zum Spielen, Schauen, Staunen

Zwar sind die Iren ausgesprochen kinderfreundlich, aber ihre Hauptstadt kommt Familien teuer und ist für die Kleinen nicht unbedingt ein Paradies. Im Zentrum von Dublin herrscht auf den engen Gehwegen dichtes Gedränge, und der tosende Linksverkehr birgt Gefahren für Ungeübte. Dennoch hat Dublin jede Menge Unterhaltung zu bieten. Wiesen zum Herumtoben gibt es in den Grünanlagen in der Mitte von Merrion Square und St. Stephen's Green sowie vor allem im riesigen Phoenix Park. Ein **Insider Tipp** Kinderspielplatz befindet sich an der Ostseite von St. Stephen's Green. Unter den im Kapitel Sehenswertes beschriebenen Attraktionen sind folgende für ältere Kinder geeignet: *Dublinia* als lebhafte Darstellung der Geschichte und der Wikinger, das *Guinness Storehouse* für technisch interessierte, das *GAA Museum* für Sportliche und *Number 29* als Darstellung der Lebensweise in alten Zeiten. Ausblick auf die Stadt von oben gibt es im *Guinness Storehouse* und vom *Smithfield Chimney*.

Das Straßengeschehen in Temple Bar und in der Grafton Street, wo **Insider Tipp** sehr witzige und ideenreiche Straßenkünstler ihr Brot verdienen, sowie die Busrundfahrten sind für alle Altersgruppen spannend. Kinder unter fünf Jahren werden in öffentlichen Verkehrsmitteln kostenlos befördert. Familientickets machen den Eintritt zu fast allen Besucherattraktionen erschwinglicher.

■ **ATTRAKTIONEN** ■

DUBLIN ZOO [117 E4]

Seit 1830 ist der Zoo mitten im Phoenix Park eine der führenden Attraktionen in Dublin. Neben den beliebten großen Tieren – Löwen, Tiger, Elefanten, Giraffen, Gorillas – gibt es Pinguine, Seelöwen und noch viele Favoriten mehr. Die Zooleitung legt Wert auf artgerechte Bedingungen. *Mo–Sa 9.30–18, So 10.30–18 Uhr (Nov.–Jan. bis 16, Feb. bis 17 Uhr)* | *Phoenix Park* | *Familienticket 42 Euro* | *www.dublinzoo.ie*

> MIT KINDERN UNTERWEGS

MALAHIDE CASTLE [123 F4]

Das alte Schloss birgt zwei Sehenswürdigkeiten für Kinder: die *Fry Model Railway* und *Tara's Palace (DART oder Bus 42 nach Malahide, dann 10 Min. zu Fuß nach Malahide Castle).* Von den 1930er- bis in die 1960er-Jahre fertigte Eisenbahningenieur Cyril Fry mit Liebe zum Detail Modelle irischer und europäischer Züge. Heute fahren die Kleinformate historischer und moderner Loks und Waggons auf der 250 m² großen Anlage der *Fry Model Railway (April–Sept. Mo–Do, Sa 10–13 und 14–17, So 13–17 Uhr | Familienkarte 21 Euro).* Tara's Palace ist ein Puppenhaus der Superlative im Maßstab 1:12. Es wurde 1980 begonnen, wird ständig erweitert und stellt einen irischen Herrensitz des 18. Jh. dar *(April–Sep. Mo–Fr 10.45–15.45, Sa/So 11.30–17.30 Uhr | Eintritt 2 Euro).*

STADTSAFARI

VIKING SPLASH [115 D6]

Zu Land und Wasser: Stadtrundfahrten in herrlichen alten Amphibienfahrzeugen, die in das Kanalbecken hineinfahren. Wer möchte, trägt dabei einen gehörnten Wikingerhelm. *Feb.–Nov. tgl. 10, 11.30, 14 und 15.30 Uhr | ab St. Stephen's Green | Tel. 707 60 00 | Erwachsene 20, Kinder 10 Euro | www. vikingsplash.ie*

STRAND & KÜSTE

In *Malahide* [123 F4] *(S. 99f.)* gibt es einen Sandstrand, in *Killiney* [123 F6] *(S. 96ff.)* einen schönen Steinstrand mit Blick auf die Wicklow Mountains. Beide Strände sind mit der DART-Bahn ab Dublin-Mitte schnell erreichbar.

Einige Kilometer südlich von Killiney, direkt an der Meerespromenade in der Kleinstadt Bray [123 F6], liegt das *Aquarium National Sea Life Centre* mit Haifischen, Piranhas, Seepferden und vielen anderen Meeres- und Süßwasserfischen *(März–Okt. tgl. 10–17, Nov.–Feb. Mo–Fr 11–16 Uhr | Eintritt Erwachsene 10,50, Kinder 7,90 Euro | 5 Fußminuten vom DART-Bahnhof Bray).*

> # DURCH GUTE UND DURCH SCHLECHTE ZEITEN

Verfolgen Sie die Schritte Irlands zur Unabhängigkeit oder schauen Sie sich um in den Vierteln der ganz normalen Dubliner

Die Spaziergänge sind auf dem hinteren Umschlag und im Cityatlas grün markiert

1 AUF DER SPUR IRISCHER FREIHEITSKÄMPFER

Irlands Unabhängigkeit ist ein nicht zu übersehendes Thema in Dublin. Aus Sicht irischer Nationalisten wurde die Frage mit der Gründung des irischen Freistaats 1921 nur teilweise gelöst, denn die sechs nordirischen Grafschaften gehören bis heute zum Vereinigten Königreich. Museen, Denkmäler und Führungen halten dem Dublinbesucher die Ereignisse des Aufstands von 1916 und anderer Schicksalsjahre vor Augen. Der 1,5-stündige Spaziergang nimmt Sie mit auf Irlands Weg in die Unabhängigkeit.

In der Straßenmitte von College Green steht eine Statue von Henry Grattan. Er erreichte 1782 die Unabhängigkeit des irischen Parlaments von der Londoner Regierung. Mit erhobenem rechten Arm schaut er auf Trinity College, die alte Kaderschmiede der protestantischen Herrschaft über

Bild: Custom House

STADT SPAZIERGÄNGE

das mehrheitlich katholische Irland. Das Parlamentsgebäude zu Grattans linker Seite beherbergt heute die **Bank of Ireland** *(S. 31)*. Keine 20 Jahre dauerte die legislative Unabhängigkeit. Der Rebellion von 1798 folgte die erneute Angliederung des irischen an das britische Parlament.

Überqueren Sie College Green zur Bank hinüber, dann geht es nach rechts um das Gebäude, an der Ampel über die Westmoreland Street zur **Statue von Thomas Moore** (1779–1852), den Iren als ihren Nationaldichter feiern, und anschließend links zur O'Connell Bridge. Auf der Nordseite der Brücke steht das imposante **O'Connell-Denkmal.** Daniel O'Connell (1775 bis 1847), den sein Volk als Befreier und „ungekrönten König" ansah, setzte die katholische Emanzipation durch. 1841 wurde er erster katholischer Bürgermeister Dublins. Die vier geflügelten Frauenfiguren um sein Standbild repräsentiert Irlands Provinzen. Eine der Skulpturen trägt seit dem Osteraufstand 1916 ein Einschussloch in der Brust.

Bleiben Sie südlich der Liffey und nehmen Sie rechts den Fußgängerweg direkt am Fluss zur nächsten Brücke, Butt Bridge. Hier überqueren Sie die Liffey, gehen nach rechts über die Straße und haben hinter der Eisenbahnbrücke einen herrlichen Blick auf die Fassade des Custom House *(S. 40)*. 1921 brannten Freischärler das Gebäude, in dem Teile der britischen Verwaltung saßen, nieder. Die braune Farbe des Turms, für den beim Wiederaufbau ein billigerer Stein verwendet wurde, ist das sichtbare Zeugnis davon.

Gehen Sie zurück unter die Eisenbahnbrücke, überqueren Sie die Uferstraße und gehen Sie einige Schritte weiter zur Statue von James Connolly. Der einstige Arbeiterführer schaut auf die 16-stöckige Gewerkschaftszentrale Liberty Hall. Pflug und Sterne hinter ihm symbolisieren Arbeit und Sozialismus. Connolly war Oberkommandant der Rebellion von 1916, und wurde bei der Besetzung des General Post Office (GPO) schwer verletzt. Er wurde in Kilmainham Gaol hingerichtet – gefesselt an einen Stuhl, weil er vor dem Erschießungskommando nicht mehr stehen konnte.

Überqueren Sie Beresford Place zur Abbey Street und zu dem vom Dichter William Butler Yeats mitbegründeten Abbey Theatre *(S. 77)*. Gegenüber markieren drei bronzene Köpfe auf kleinen Säulen die Stelle, an der 1848 die irische Nationalfahne erstmals enthüllt wurde. In der Trikolore steht Grün für Irland, Orange für die königstreuen protestantischen Oranier und Weiß für die Hoffnung auf Versöhnung zwischen beiden.

Biegen Sie rechts in die O'Connell Street ein. Dort stehen Sie bald vor dem Postamt General Post Office *(S. 42)*, Hauptquartier der Rebellen im Jahr 1916. Davor verlas der zum Präsidenten ausgerufene Patrick Pearse eine Unabhängigkeitserklärung. Am Ostermontag verbarrikadierte sich im GPO eine kleine Truppe und hielt dort vier Tage lang aus, zuletzt in brennenden Ruinen unter Artilleriebeschuss. Die Überlebenden flüchteten entlang der Henry Street (am GPO links abbiegen) und der Moore Street (rechts). Die Gasse rechts am nördlichen Ende der Moore Street kurz vor der Stelle, an der die Rebellen kapitulierten, heißt O'Rahilly Parade. An der Mauer erinnert eine Tafel an den Rebellen *Michael O'Rahilly* und den letzten Brief, den der tödlich Verwundete hier an seine Frau schrieb: „Es war jedenfalls ein guter Kampf. Auf Wiedersehen, Liebste". Militärisch war der Aufstand 1916 unbedeutend, aber die Härte der Vergeltungsmaßnahmen machten die Rebellen zu Märtyrern, das GPO zu einem Schrein der Nation und den Kampf um die Unabhängigkeit zu einer Bewegung mit breiter Unterstützung in der Bevölkerung.

2 HÄNDLER, HEILIGE UND WIKINGER

Über Jahrhunderte hinweg verlagerte sich die Stadtmitte Dublins weiter nach Osten. Der 2,5-stündige Spaziergang zu den Anfängen der Hauptstadt führt durch The Liberties, wo das Leben in einem anderen Rhythmus verläuft als in der schicken Stadtmitte, und endet im ehemaligen Händler- und heutigen Ausgehviertel Temple Bar.

Die Tour beginnt in St. Patrick's Park, wo Rasen und Blumenrabatten den hübschen Rahmen zum Blick auf die Kathedrale *(S. 38)* bilden. An einem Brunnen in der Südwestecke des Parks soll der Nationalheilige Patrick Mitte des 5. Jhs. Menschen zum Christentum bekehrt und getauft haben. Die Kathedrale entstand auf einer Insel im heute unterirdischen Fluss Poddle, dessen dunkles Wasser einen „schwarzen Pfuhl" bildete, auf Gaelisch *Dubh Linn*, und der der Stadt damit ihren Namen gab. Werfen Sie noch einen Blick in den Innenraum der Kathedrale, bevor Sie die Patrick Street überqueren und über Hanover Lane die Francis Street mit ihren Antiquitätenhändlern errei-

chen. Dort finden Sie verlockende Geschäfte mit Keramik, Uhren und vielem mehr, aber der Weg führt weiter nach rechts in Richtung Norden. Rechts sehen Sie die 1832 vollendete Church of St. Nicholas, die erst nach der Abschaffung antikatholischer Gesetze im Jahr 1829 entstehen durfte. Etwas weiter sehen Sie das verzierte Backsteinmauerwerk des 1907 errichteten Iveagh Market, der auf Restaurierung und neue Nutzung wartet. Gegenüber liegt das Tivoli Theatre, an der Ecke zum Cornmarket gibt es im Caffé Noto guten Kaffee.

Dieser Stadtteil, The Liberties *(S. 48)*, befindet sich im Wandel. Die kleinen Läden an der Thomas Street und Meath Street richten sich an Leute mit einem bescheidenen Einkommen. Studenten des nahen College of Art and Design verleihen dem Viertel ein

Take a walk on the Northside: Nördlich der Liffey ist die O'Connell Street der Anziehungspunkt

kreatives Flair, und auch der Einfluss von Zuwanderern aus Osteuropa macht sich bemerkbar. Bei einem Abstecher nach links zur künstlichen Felsgrotte hinter der Kirche St. Catherine's *(S. 48)* in der Meath Street und zum kitschig-bunten Interieur der Augustinerkirche in der Thomas Street *(S. 48)* erleben Sie, wie hier die Volksfrömmigkeit zum Ausdruck kommt.

Über Cornmarket geht es nach Osten. Rechts an der Ecke zu Lamb Alley sehen Sie ein erhaltenes Stück der mittelalterlichen Stadtmauer. In der nächsten Gasse rechts, Back Lane, steht nach 100 m links *Taylor's Hall*, ein charmanter Backsteinbau von 1706. Das Zunfthaus der Schneider ist ein seltenes Überbleibsel aus alter Zeit im ehemaligen Handwerkerviertel.

Überqueren Sie an der Ampel die Kreuzung zur Kirche St. Audouen *(S. 38)* an der Nordseite der High Street. Der Straßenzug Cornmarket, High Street bis östlich zur Dame Street markiert die Anhöhe, auf der im 10. Jh. Wikinger eine Handelssiedlung gründeten. Die Höhenlage wird deutlich, wenn Sie den Weg zwischen St. Audouen und der Grünanlage an seiner Westseite nehmen. Zwischen hohen Steinmauern geht es herunter zum Stadttor aus 1275, St. Audouen's Gate, und dem 100 m langen erhaltenen Stück der Stadtmauer. Folgen Sie der Cook Street nach rechts und überqueren Sie die Winetavern Street. Das Bürohaus der Stadtverwaltung steht an der Stelle der einstigen Wikingersiedlung. Vor dem Bau bargen Archäologen hier lauter Dinge des Wikingeralltags – Haushaltsgeräte, Werkzeug, Kämme, Münzen –, die heute im National Museum zu sehen sind. Die Essex Street führt weiter zu den Gassen von Temple Bar, einst das Viertel der Kaufleute.

3 IN DUBLINS ALLTAG SCHNUPPERN

Bei diesem etwa einstündigen, aber ausdehnbaren Spaziergang erleben Sie die eher untouristische Seite der Stadt: eine ganz normale Einkaufstraße, den Großmarkt, das Geschehen um die Gerichte und Pfarrkirchen. Die Vormittagsstunden eignen sich am besten, um diese lebendigen Viertel zu erleben.

Die Tour beginnt in der Capel Street. Dorthin gelangen Sie von O'Connell Street über die Henry Street und Mary Street in Richtung Westen, von Temple Bar über die Parliament Street und Grattan Bridge oder mit der LUAS zur Haltestelle Jervis. Capel Street bietet eine herrlich vielfältige Mischung von Geschäften: Es gibt Läden für neue Kleider und für Secondhand-Mode, eine Computer- und eine Zoohandlung, Schickes und Schäbiges. Irische Händler nutzen einen Kinderwagen als mobilen Marktstand für Obst, polnische und koreanische Verkäufer bieten Lebensmittel an, die ihre Landsleute sonst in Irland vermissen müssten. Wenn Sie Capel Street zwischen dem Liffey-Ufer und Parnell Street hinter sich gelassen haben, geht es über Little Mary Street zum Großmarkt. Korinthische Säulen verzieren den Eingang der schönen alten Halle. Vorsicht: Hier gibt es rabiate Gabelstaplerfahrer! Spazieren sie beherzt, aber achtsam zwischen den Ständen mit Obst, Gemüse und Blumen herum. Auf der anderen Seite der Markthalle sind es nur wenige Schritte bis zu den Four Courts *(S. 41)*, wo Rechtsanwälte in Robe zu ihren Gerichtsterminen eilen und nervöse Prozessbeteiligte vor der Verhandlung geehrte Pater predigte im 19. Jh. Abstinenz. Wenn Sie sein Anliegen unterstützen wollen, gehen Sie südlich der Brücke an Dublins ältestem Pub, The Brazen Head *(S. 72)*, einfach vorbei und

Gut erhalten, Alter ungeklärt: sterbliche Überreste in der Gruft unter der St. Michan's Church

noch schnell eine Zigarette rauchen. Hier kommen auch wichtige und Aufsehen erregende Fälle vor Gericht: Die markante Kuppel der Four Courts taucht immer wieder in den Fernsehnachrichten auf.

Wer noch mehr Sightseeing im Sinne hat, läuft von hier aus weiter in Richtung Westen zur *St. Michan's Church (S. 45)* oder zur *Jameson Destillerie (S. 42)*. Die Tour aber biegt hinter den Four Courts nach links in die Church Street und überquert die Liffey auf der Father Matthew Bridge. Der mit dem Brückennamen

biegen von der Bridge Street nach rechts in Wormwood Gate. Von dort geht es sofort nach links, dann rechts und wieder links in die John Street und zur wunderschönen Augustinerkirche in der Thomas Street, wo der Spaziergang endet. Hier – in Riechweite der Guinness-Brauerei – sind Sie in The Liberties *(S. 48)*, immer noch das Dublin der einfachen Leute. Wer unermüdlich ist, erreicht von hier aus zu Fuß das Guinness Storehouse *(S. 47)* oder über Francis Street die St. Patrick's Cathedral *(S. 38)*. Verschiedene Buslinien führen zur Stadtmitte zurück.

EIN TAG IN DUBLIN

Action pur und einmalige Erlebnisse.
Gehen Sie auf Tour mit unserem Szene-Scout

BAGELFRÜHSTÜCK

8:30

Die Dubliner haben ihre Liebe zu frischen Bagels entdeckt und so macht *itsa bagel* dem traditionellen irischen Frühstück aus Bacon und Blutwurst Konkurrenz. In dem beliebten Bagel-Laden gibt's die verschiedensten Sorten und Beläge. Wie wär's z. B. mit einem *Club Bagel* mit Hühnchen, Brie, Salat und Tomaten? **WO?** *16 Fitzwilliam Lane | Tel. 672 88 75 | www.itsabagel.com*

10:00

SCHATZSUCHE

Koordinaten ins GPS-Gerät eingeben und los geht die Jagd nach dem verborgenen Schatz in einem der schönsten Art-déco-Viertel Dublins. Irgendwo um die Gebäude der Townsend Street ist der Cache versteckt. Wer ihn findet, darf ihn behalten, muss aber als Gegenleistung einen neuen verstecken. **WO?** *Start Townsend St. | Koordinaten unter www.geoca ching.com/seek/cache_details.aspx?guid=f921915f-37e0 -4df2-bf9f9547b7ef174a*

IRISH LUNCH

12:00

Im *Blarney Inn* wird stilecht im Irish-Bar-Ambiente diniert. An urigen Holztischen serviert der Chefkoch herbes Guinness und traditionelle irische Menüs aus frischen Zutaten, wie einen original irischen Eintopf. Kulinarische Überraschung gefällig? Dann ist das wechselnde Special des Tages genau das Richtige! **WO?** *1–2 Nassau St. | Tel. 679 43 88 | www.blarneyinn.com*

14:00

SCHOKOLADENWORKSHOP

Im *Chocolate Warehouse* verzieren Feinschmecker unter den wachsamen Auge eines Chocolatiers süße Schokoriegel mit Zuckerperlen und allerlei anderen Garnituren. Als i-Tüpfelchen gibt's ein Zertifikat und die Leckereien mit nach Hause. **WO?** *Mulcahy Keane Industrial Estate, Greenhills Rd., Walkinstown | Anmeldung unter Tel. 450 00 80 | Kosten: 12,50 Euro | www.chocolatewarehouse.ie*

24 h

IRISCHER GERSTENSAFT

16:30

Auf der Tour durch die acht Bereiche des *Guinness Storehouse* erleben Bierliebhaber die Produktion des berühmtesten irischen Bieres hautnah. Nachdem der virtuelle Brauerei-Guide die Besucher an dem vom Ergeschoss bis in den siebten Stock reichenden überdimensionalen Bierglas vorbeigelotst hat, erklärt er den Brauprozess. Am Ende probieren Guinnessfans natürlich ein Glas kühles Bier. **WO?** *St James's Gate | Anmeldung unter Tel. 14 08 48 00 | Kosten: Euro 13,50 | www.guinness-storehouse.com*

18:00

EARLY DINNER

Das Restaurant *Jacob's Ladder* lockt mit stilvollem Interior, einem grandiosen Ausblick auf das Trinity College und vor allem leckeren Menüs. Chefkoch Adrian Roche macht aus alten Traditionsgerichten hervorragende authentische Speisen, wie z. B. Garnelencremesuppe mit angebratenem Spinat oder geröstete Lende vom Wildschwein mit Zwiebeltarte. **WO?** *4–5 Nassau St., Trinity College Area | Reservierung unter Tel. 670 38 65 | www.jacobsladder.ie*

GRUSELTOUR

20:00

Mit dem *GhostBus* und einem Geschichtenerzähler geht es auf die Spuren des Dubliners Bram Stoker. Die Gruselfahrt wird unterbrochen durch Stopps, wie dem im College für Physik. Dort erwachen die seltsamen Machenschaften des Dr. Clossy zu neuem Leben. **WO?** *Treffpunkt: 59 Upper O'Connell St. | Sa./So. 19 oder 21.30 Uhr | Anmeldung unter Tel. 703 30 28 | Kosten: 25 Euro | www.dublinbus.ie*

23:00

VIP-FEELING

Einmal die edel beleuchteten Treppen im *Club M* hinaufschreiten und sich wie ein Filmstar fühlen. Die Party im Szeneviertel Temple Bar steht jeden Tag unter einem anderen Motto. Bei Dancesounds und R'n'B ist Abtanzen angesagt! **WO?** *Im Blooms Hotel, Anglesea St. | Tel. 671 56 22 | www.clubm.ie*

> INS GRÜNE, ANS MEER

Gleich hinter Dublins Stadtgrenze warten herrliche Fischerdörfer und mysteriöse Steinzeitgräber auf Sie

1 KÜSTENZAUBER: VON DUN LAOGHAIRE BIS KILLINEY

[123 F5–6] Mit Dublins Stadtbahn DART können Sie sehenswerte Orte an der Küste südlich der Hauptstadt erreichen und kurze oder längere Spaziergänge am Meer damit verbinden. Das James Joyce Museum in Sandycove ist kultureller Höhepunkt dieses Küstenabschnitts, buchstäblicher der Gipfel Killiney Hill mit herrlichem Blick auf Küste

und Berge. Erfrischung bieten Lokale in Dalkey oder Sandycove, für Mutige das kalte Wasser der irischen See an der Badestelle Forty Foot Hole. Die Fahrt mit der DART ab Connolly Station bis Dun Laoghaire dauert 25 Min., bis Killiney 35 Min.

Nur wenige Minuten nach Verlassen der Innenstadt fährt die Bahn direkt an der Küste entlang. **Dun Laoghaire** (gesprochen „liri"), heute Anlaufstelle für Fähren aus Großbritannien, wurde im frühen 19. Jh. als

Bild: Grabanlagen von Knowth

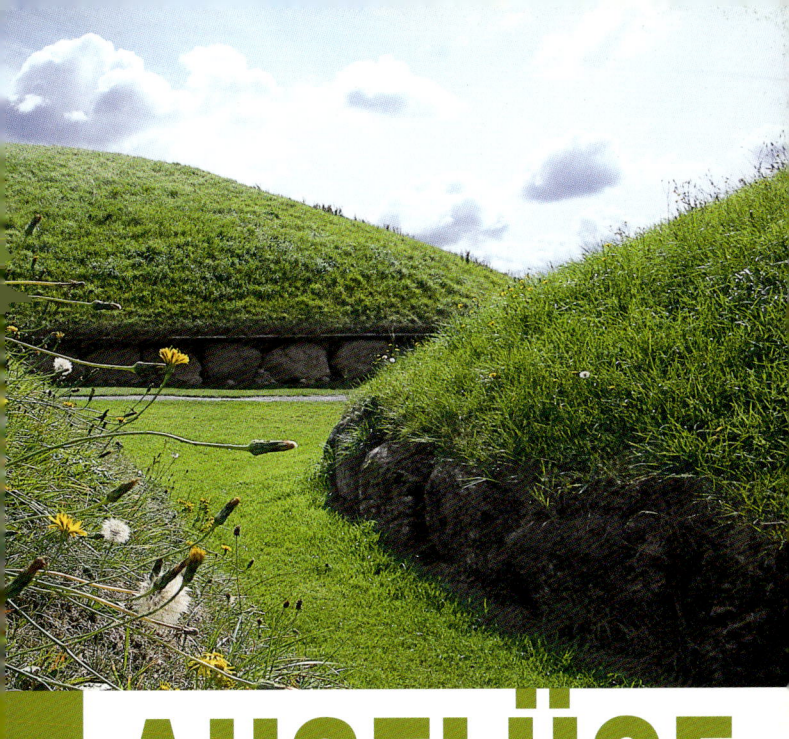

AUSFLÜGE & TOUREN

Hafenstadt ausgebaut und hieß Kingstown. Aus dieser Zeit stammt die lange Hafenmole **East Pier** (meerseitig rechts). Der Spaziergang zum Ende der Mole und zurück dauert bei gemütlichem Tempo max. eine Stunde. Die noch vor wenigen Jahren heruntergekommene Ortsmitte von Dun Laoghaire erlebt inzwischen einen Aufschwung durch den Yachtclub und neue Restaurants. Südlich des East Pier beginnt der Spazier-gang an der grünen Uferpromenade nach Sandycove. 20 Min. lang passieren Sie attraktive Villen des 19. Jhs., bis Sie die kleine Landzunge von **Sandycove** erreichen. Hier gibt es eine kleine sandige Bucht, die felsige Badestelle **Forty Foot Hole,** wo auch zu kühlen Jahreszeiten abgehärtete Schwimmer in die See springen, und das im **Martello Tower** untergebrachte **James Joyce Museum**. Wenn Sie zu den Werken des Autors noch keinen Zugang gefunden haben, nehmen Sie *Ulysses* mit und lesen Sie auf dem Turmdach das erste Kapitel, das dort und in dem Raum darunter spielt. Hier vor Ort oder nie wird die Lektüre Sie in den Bann ziehen.

Wer nun Hunger hat, läuft entweder weiter nach Dalkey (30 Min., mangels Küstenpfad weitgehend an der Straße, am besten über Harbour und Convent Road) oder 5 Min. zurück in Richtung Dun Laoghaire, links über die Marine Avenue zur Glasthule Road, wo **Caviston's** *(nur Di–Sa mittags und nachmittags | 59 Glasthule Road | Tel. 280 92 45 | www.cavis tons.com | €€)* die beste Adresse ist. In der Summerhill Road, der Verlängerung von Glasthule Road, liegt die DART-Station für die Weiterfahrt nach Dalkey.

Dalkey ist eine reizvoller Ort, der bis zum 16. Jh. als Hafen mit Dublin konkurrierte. Schmucke Häuschen, gediegene Villen und gepflegte Gärten prägen das Bild. Zwei bescheidene Burgen, befestigte Lagerhäuser aus dem 15. Jh., stehen sich am nördlichen Ortseingang gegenüber. Eine beherbergt das Rathaus und ein **Visitor Centre** mit einer Ausstellung über Dalkey. Von der Ortsmitte führt die Coliemore Road in Richtung Küste zu einem schönen Spaziergang mit fast durchgehendem Blick auf das Meer und die Berge von Wicklow im Süden. Hier wohnen Dublins Millionäre in Klippenlage. Nach 5 Min. sehen Sie links einen winzigen Hafen, von dem im Sommer Boote nach **Dalkey Island** fahren. Auf der Insel sind ein weiterer Martello Tower und Ruinen eines mittelalterlichen Klosters zu sehen.

Auf dem weiteren Weg wird der Blick nach Süden auf die Berggipfel immer schöner. Coliemore Road führt nach rechts in die Sorrento Road, dann nach links in die Vico Road. Nach einigen Minuten deutet ein Schild „right of way" rechts der Straße auf eine Betontreppe. Hier können Sie wählen: Zwischen einem

Kehren Sie Dublin doch mal den Rücken: z. B. in der Bucht von Killiney

gemütlichen Spaziergang geradeaus an der Straße, bis es links hinab zum grauen Kieselstrand von **Killiney** geht, und einem kurzen, anstrengenden Aufstieg, nach dem ein grüner Weg nach links und zu einem treppenartig ausgebauten Pfad zum **Gipfel von Killiney Hill** führt. Ein grandioser Rundumblick auf die Stadt, den Hafen von Dun Laoghaire, die gesamte Bucht von Dublin entschädigt für die Mühe des Aufstiegs. Ein zu Ehren von Königin Victoria errichteter **Obelisk** krönt den Hügel. Beim Abstieg an der Südseite ist die Orientierung zur Küste leicht. Der **Bahnhof Killiney** liegt direkt am Strand. Wer gut zu Fuß ist, schafft den Weg von Dalkey zum Bahnhof Killiney über den Berg in ca. 1 Stunde. Ohne den Aufstieg dauert der Spaziergang etwa 45 Min.

2 FISCHERDORF HOWTH UND MALAHIDE CASTLE

[123 F4] Es gibt viele Gründe, warum das nordöstlich von Dublin auf einer Halbinsel gelegene Dorf Howth als Ausflugsziel beliebt ist: Der hübsche Ortskern, gute Fischrestaurants, das Geschehen am Hafen, die Seeluft bei einer Bootsfahrt und die herrliche Klippenwanderung. Die Fahrt mit der DART-Bahn ab Connolly Station dauert 24 Min.; etwas langsamer, aber landschaftlich weitaus schöner ist die **Busfahrt mit Panoramablick vom Oberdeck**, Linie 31 B ab Eden Quay oder Connolly Station. Zum krönenden Abschluss der Tour lohnt ein Ausflug nach Malahide Castle.

Insider Tipp

Der Name **Howth** für den Fischerort an der Nordseite einer hügeligen Landzunge stammt von einem altnordischen Wort für Kap. Howth reimt sich auf das englische Wort „both" – viele Iren beherrschen das englische „th" allerdings nicht, so dass Howth am Wortende oft wie „boat" ausgesprochen wird. Auf dem Westpier am Hafen ist das Fischereigewerbe angesiedelt. In einfachen Zweckbauten links liegen Fischgeschäfte, in einem Neubau fast am Ende des Piers das Nobelrestaurant **Aqua** *(Tel. 832 06 90 | Spitzenküche aus dem Meer, z.B. Schwertfisch mit Teriyaki-Soße, Schellfisch mit Cassoulet und Serranoschinken | €€€).* Am Kai ankern in doppelter und dreifacher Reihe Fischerboote. Ob bunt oder weiß, neu gestrichen oder rostig, alle sehen sturmerprobt und nach harter Arbeit aus – ganz in Kontrast zu den glänzenden, gepflegten Freizeitbooten des Howth Yacht Club am mittleren Pier. Der Ostpier gehört Spaziergängern und Ausflüglern, die von hier aus zur vorgelagerten Insel **Ireland's Eye** übersetzen. Dort liegen ein Vogelschutzgebiet, ein Martello-Turm aus der Zeit der napoleonischen Kriege und Klosterruinen.

Nahe dem empfehlenswerten Fischrestaurant **King Sitric** am Ostpier *(Di geschl., Mittagessen nur So | Tel. 832 52 35 | www.kingsitric.ie | €€€)* beginnt eine wunderbare **Klippenwanderung**. Der Weg ist aber nicht überall breit, und das Gelände fällt nach links steil ab ins Meer. Ohne gutes Schuhwerk und bei starkem Wind ist davon abzuraten. Zuerst geht es ca. 20 Min. entlang der kurvigen Asphaltstraße, die den Buchten der Steilküste folgt. Am Ende der Straße ist der Klippenpfad zum Gipfel ausgeschildert („cliff path to summit 50 minutes" – was keine besonders gute Kondition voraussetzt). Auf der gesamten Strecke erwartet Sie ein herrliches Panorama. Geradeaus wird ein Leuchtturm sichtbar, aber der Weg zum höchsten Punkt der Halbinsel knickt nach rechts ab, steigt an und führt zu einem Aussichtspunkt. Eine Straße bringt Sie vom Parkplatz am Gipfel hinunter zum Summit Inn. Gegenüber der Herberge wird ein breiter Fußweg sichtbar. Er steigt an grünen Hängen hinab zur Dorfmitte (20 Min.), in dem es viele Einkehrmöglichkeiten gibt. Wer noch Energie hat, steigt die Stufen neben Abbey Tavern hinauf: Der Hafenblick am ⚰ Friedhof neben den Abteiruinen ist die Belohnung dafür.

Schön anzusehen ist auch Howth Castle (vom Bahnhof aus ca. 5 Min. auf der Straße Richtung Dublin), eine Burg aus dem 16. Jh., leider für die Öffentlichkeit nicht zugänglich. Ein Spaziergang durch den Park zur Zeit der Rhododendrenblüte (April–Mai) ist aber auch ein Vergnügen. Auf dem Gelände ist auch das National Transport Museum untergebracht. Die Ausstellung alter Busse, Militärfahrzeuge, Löschzüge der Feuerwehr und vielem mehr wird von Ehrenamtlichen liebevoll gepflegt (Sa/So 14–17, Juni bis Aug. auch Mo–Fr 10–17 Uhr).

Ist noch Zeit, setzen Sie sich in die DART und fahren weiter nördlich nach Malahide. Besondere Attraktion der kleinen Stadt mit Sandstrand, Yachthafen, kleinen Restaurants und Geschäften im alten Ortskern ist Malahide Castle. Von 1185 bis 1973 Sitz der Talbot-Familie, stehen die Burg mit Porträtsammlung und der wunderschöne Garten Besuchern offen (Burg Mo–Sa 10–17, So 11–17 Uhr | Eintritt 7,25 Euro | von DART-Station Malahide rechts auf die Hauptstraße, ca. 15 Min. Fußweg).

3 VORGESCHICHTLICHES IRLAND: DAS BOYNE-TAL

[123 D1] Vor 5000 Jahren florierte in Brú na Bóinne im Tal des Flusses Boyne eine Zivilisation, die als die am weitesten entwickelte der Neusteinzeit in Europa angesehen wird. Die Ganggräber von Newgrange und Knowth sind eindrucksvolle Zeugnisse davon und in einem Tagesausflug von Dublin leicht zu erreichen (6–7 Std. inkl. je 1,5 Std. für die Fahrt).

Es ist teuer und mühsam, in der Stadt für ein, zwei Tage ein Auto zu mieten. Buchen Sie besser eine organisierte Rundtour (verschiedene Anbieter, Buchung über *Tourist Office, Suffolk Street*; die preiswerteste Fahrt mit dem *Shuttle-Bus ab Tourist Office tgl. 11.15, im Sommer auch 8.45 Uhr, 18 Euro Hin- und Rückfahrt zum Visitor Centre Brú na Bóinne*. Autofahrer über die N 2 von Dublin nach Slane, dann die L 21). Fragen Sie, ob die Tour genug Zeit bietet und auch die Innenbesichtigung des Grabs einschließt, der Blick von außen ist nur das halbe Erlebnis.

Insider Tipp

In der Epoche um 3000 v. Chr. war das fruchtbare Boyne-Tal dicht besiedelt. Überreste von rund 40 Bauwerken jener Zeit sind auf dem Gelände Brú na Bóinne, nahe dem Dorf Slane und ca. 8 km westlich der Stadt Drogheda, konzentriert. Spektakulärste Stätte ist das so genannte Ganggrab Newgrange, das Archäologen mühsam rekonstruierten. Über Baumeister und Bestimmung ist wenig bekannt. Auch die Bezeichnung „Grab" ist umstritten – manche glauben, dass die Anlage primär kultischen Zwecken diente. Sie ist ein runder, aus Steinen und Erde aufgeschütteter Hügel mit 75 m Durchmesser und ca. 13 m Höhe. Beeindruckend ist die Fassade, die zum Sonnenaufgang hin aus weißem Quarz besteht und von 97 bis zu 8 t schweren Granitblöcken umringt ist. Der Granit kommt aus den nördlich gelegenen Mourne Mountains, der Quarz aus Wicklow im Süden. Die Dauer der Bauarbeiten wird auf 40 Jahre geschätzt. Lage und Neigung des Ganges zur Mitte des Hügels wurden so gewählt, dass bei Sonnenaufgang am 21. Dezember die Strahlen der Sonne die kreuzförmige zentrale Kammer beleuchten. Bei einer Führung erleben die Besucher diesen Effekt mit künstlichem Licht.

Das Gelände kann nicht unangemeldet besichtigt werden. Das **Brú na Bóinne Visitor Centre** regelt den Zugang *(tgl. 9.30–17.30, Mai–Sept. bis 18.30 Uhr, letzte Führung 90 Min. vor Schließung | Eintritt 5,80 Euro für Newgrange, 10,30 für Newgrange und Knowth | www.heritageireland. ie)*. Zu Spitzenzeiten gibt es längere Wartezeiten, die man in der vorbildlich aufbereiteten **Ausstellung im Visitor Centre** verbringen kann. Hier gibt es Erklärungen in Deutsch, einen Film und eine Rekonstruktion des Ganggrabs. Das **Ganggrab von Knowth**, ebenfalls über das Visitor Centre erreichbar, ist noch größer, aber noch nicht vollständig ausgegraben.

Im Boyne-Tal siegte auch Wilhelm von Oranien 1690 über seinen Vorgänger auf dem britischen Thron, James II. aus dem Haus Stuart, und sicherte so die protestantische Herrschaft. Fahren Sie mit dem Auto von Dublin ins Boyne-Tal, können Sie unterwegs zwei weitere, ausgeschilderte

Rätselhaft: Ganggrab Newgrange

Stätten der irischen Geschichte besuchen. Am **Hill of Slane [122 C1]** entzündete St. Patrick im Jahr 433 ein Osterfeuer, um seine bevorstehende Missionierung des Landes anzukündigen. Südlich von Navan nahe der N 3 liegt der **Hill of Tara [122 C2]**, Sitz der Hohen Könige von Irland in den ersten Jahrhunderten unserer Zeitrechnung *(Mitte Mai–Mitte Sept. tgl. 10–18 Uhr | Eintritt 2,10 Euro)*.

> VON ANREISE BIS ZOLL

Urlaub von Anfang bis Ende: die wichtigsten Adressen und Informationen für Ihre Irlandreise

▪ANREISE▪

AUTO – FÄHRE

Der Weg ist weit und lohnt sich nur für eine Irlandrundreise. Direktfähren: *Irish Ferries* | *www.irishferries. com,* von Cherbourg und Roscoff in Frankreich nach Rosslare in Südirland (ca. 150 km von Dublin). Über Großbritannien: Mit *P & O Ferries* (*www.POferries.com*) oder durch den Kanaltunnel von Calais nach Dover, weiter durch England und Wales, dann von Holyhead im Nordwesten Wales' nach Dublin.

FLUGZEUG

Lufthansa fliegt von Frankfurt/Main, Genf und Wien nach Dublin, die irische Gesellschaft *Aer Lingus* von Berlin, Düsseldorf, Hamburg und München. *Ryanair* fliegt nach Dublin von Berlin-Schönefeld, Bratislava (Wien), Bremen, Düsseldorf-Weeze, Frankfurt-Hahn, Hamburg-Lübeck, Karlsruhe-Baden und Salzburg, *Germanwings* von Berlin-Schönefeld, Dresden, Köln-Bonn, Leipzig und München.

Aircoach fährt rund um die Uhr, von 6 bis 20 Uhr sogar alle 10 Min. vom Flughafen in die Stadt. Ca. 40 Min. Fahrtzeit zur Stadtmitte auf zwei Routen: Über O'Connell St., Grafton St., Kildare St., Leeson St. Lower zu den Vororten Sandyford und Leopardstown, und über O'Con-

> WWW.MARCOPOLO.DE

Ihr Reise- und Freizeitportal im Internet!

> Aktuelle multimediale Informationen, Insider-Tipps und Angebote zu Zielen weltweit ... und für Ihre Stadt zu Hause!

> Interaktive Karten mit eingezeichneten Sehenswürdigkeiten, Hotels, Restaurants etc.

> Inspirierende Bilder, Videos, Reportagen

> Kostenloser 14-täglicher MARCO POLO Podcast: Hören Sie sich in ferne Länder und quirlige Metropolen!

> Gewinnspiele mit attraktiven Preisen

> Bewertungen, Tipps und Beiträge von Reisenden in der lebhaften MARCO POLO Community: *Jetzt mitmachen und kostenlos registrieren!*

> Praktische Services wie Routenplaner, Währungsrechner etc.

Abonnieren Sie den kostenlosen MARCO POLO Newsletter ... wir informieren Sie 14-täglich über Neuigkeiten auf marcopolo.de!

Reinklicken und wegträumen!
www.marcopolo.de

> MARCO POLO speziell für Ihr Handy! Zahlreiche Informationen aus den Reiseführern, Stadtpläne mit 100 000 eingezeichneten Zielen, Routenplaner und vieles mehr.
mobile.marcopolo.de (auf dem Handy)
www.marcopolo.de/mobile (Demo und weitere Infos auf der Website)

PRAKTISCHE HINWEISE

nell St., Grafton St. und Merrion Square nach Ballsbridge. Einfach 7 Euro, hin- und zurück 12 Euro, *www.aircoach.ie.* DublinBus: Von 7 bis 23 Uhr ca. alle 10 Min., einfach 6 Euro, hin und zurück 10 Euro, Linie 747 über O'Connell St. zum Busbahnhof (Busaras) [115 E2], 748 auf derselben Strecke und weiter nach Heuston Station. Fahrtzeit zum Busaras ca. 30 Min. Fürs knappe Budget: Linie 41/41C nach Lower Abbey Street, einfache Fahrt 2 Euro, Fahrtzeit ca. 45 Min.

Insider Tipp

ZUG
Es gibt Bahn-Fähr-Verbindungen vom europäischen Festland über London nach Dublin. Verbindungen innerhalb Irlands: Ankunft aus dem Norden Connolly Station, aus dem Süden und Westen Heuston Station westlich der Stadtmitte.

AUSKUNFT

TOURISM IRELAND
Gutleutstr. 32 | 60329 Frankfurt/ Main | Tel. 069/66 80 09 50 | Fax 069/92 31 85 00 | www.entdeckeir land.com/de

DUBLIN TOURISM
Die Tourismuszentrale hat mehrere Filialen: *Flughafen Dublin* [123 E4] *| Ankunftshalle | tgl. 8–22 Uhr;* Hauptbüro: *St. Andrew's Church* [115 D4] *| Suffolk Street | Mo–Sa 9–17.30, So 10.30–15 Uhr;* nördlich der Liffey: 14 *O'Connell St. Upper* [118 C5] *| Mo–Sa 9–17 Uhr | Tel. 18 50 23 03 30*

AUTO
Wie andere Hauptstädte hat auch Dublin schon längst den Verkehrsinfarkt erlitten. Überlegen Sie gut, ob Sie mit dem Auto in die Innenstadt fahren oder in Dublin ein Auto mieten. Zumal auf irischen Straßen links gefahren wird. Die bekannten internationalen Autovermieter sind am Flughafen vertreten. Ein einheimischer Anbieter am Flughafen ist *Irish Car Rentals | www.irishcarrentals. com | Tel. 18 50 20 60 88, aus dem Ausland 00800/47 47 42 27.* Bei einer Panne hilft die *Automobile Association Tel. 016 17 99 99* oder der *RAC Motoring Service Tel. 1800/ 80 54 98*

DIPLOMATISCHE VERTRETUNGEN

DEUTSCHE BOTSCHAFT   [123 E5]
31 Trimleston Avenue | Booterstown | Blackrock | Tel. 269 30 11 | Fax 269 39 46 | www.dublin.diplo.de

ÖSTERREICHISCHE BOTSCHAFT   [121 F5]
93 Ailesbury Road | Ballsbridge | Tel. 269 45 77 | Fax 283 08 60 | dublin-ob@bmaa.gv.at

SCHWEIZER BOTSCHAFT   [121 F5]
6 Ailesbury Road | Ballsbridge | Tel. 218 63 82 | Fax 283 03 44 | www. eda.admin.ch/dublin

DUBLIN PASS

Der *Dublin Pass* bietet freien Eintritt zu rund 30 Sehenswürdigkeiten, kostenlosen Flughafentransfer mit dem Aircoach sowie diverse Sonderangebote. Es gibt den Pass online *(www. dublinpass.ie)* und in den Büros von *Dublin Tourism*, 49 Euro für zwei, 59 Euro für drei , 89 Euro für sechs Tage. Einige Attraktionen wie die Nationalmuseen sind aber ohnehin kostenlos – der Kauf ==lohnt nur für emsige Besucher von Sehenswürdigkeiten, die bereits ab Flughafen== den Pass für die Fahrt in die Innenstadt nutzen können.

Insider Tipp

EINREISE

Deutsche, Schweizer und Österreicher benötigen einen gültigen Reisepass oder Personalausweis.

FUNDBÜRO

Bus: *im Busbahnhof Busaras* [115 E2]*, Tel. 703 24 34;* Flughafen [123 E4]*: Tel. 814 46 33*

GELD & KREDITKARTEN

Landeswährung ist der Euro. Geldautomaten gibt es in der Stadtmitte an nahezu jeder Ecke. Öffnungszeiten der Banken sind von Montag bis Freitag 9.30 bis 16.30 Uhr, einzelne Filialen öffnen auch an Samstagen. Nahezu alle gängigen Kreditkarten werden in den meisten Geschäften, Hotels und Restaurants akzeptiert. Allerdings wird bei Privatunterkünften *(Bed and Breakfast)* recht häufig Barzahlung erwartet. Fragen Sie beim Einchecken lieber nach!

GESUNDHEIT

Mit der europäischen Krankenversicherungskarte (EHIC) können die Dienste irischer Ärzte und Krankenhäuser direkt in Anspruch genommen werden. Die Abrechnung wird genau wie im Heimatland über die Karte geregelt. Bürgern aus Nicht-EU-Staaten wird der Abschluss einer privaten Reisekrankenversicherung empfohlen. Eine Apotheke, *pharmacy,* muss man in Dublin nicht lange suchen. Sie befinden sich oft in Drogerien, z.B. in der stark vertretenen Drogeriekette *Boots*.

INTERNET

Außer der Website der Tourismusbehörde *www.entdeckeirland.com/de,* die auch allgemeine Informationen rund um Dublin bietet, sind folgende Webadressen nützlich: *www.dublin.de* – informative Seiten deutscher Dublinfans; *http://www.heritageireland.ie* – unter dem Stichwort „Dublin" viele Infos zu historischen Sehenswürdigkeiten der Stadt; *www.dublinks.com* – englischsprachig, gut für Pubs, Restaurants und Ausgehtipps; *www.taste ofireland.com* – Restaurantkritiker Paolo Tullio (ein echter Ire) beschreibt ausführlich seine Genüsse; *www.dubli nairport.com* – alles rund um Flughafen und Flüge

INTERNETCAFÉS

Internetcafés sind in Dublin dicht gesät. Zwei Adressen von vielen: südlich der Liffey *Easy Internet* [114 C3] *| 37–39 Wellington Quay (nahe Halfpenny Bridge);* nördlich der Liffey *Global Connex* [115 E2] *| Ecke Gardiner St./Talbot St. | tgl. 9–24 Uhr*

KLIMA & REISEZEIT

Dublin ist ein ganzjähriges Reiseziel mit einem gemäßigten, durch den

Golfstrom beeinflussten Klima. Frost und Schnee sind selten, und die Regentage sind relativ gleichmäßig über das Jahr verteilt. Eine gute Reisezeit ist der März, wenn es im milden Irland oft schon recht frühlingshaft ist, während der Winter den deutschsprachigen Raum noch nicht loslässt.

MASSE & GEWICHTE

Mit einer Ausnahme gilt in Irland wie auf dem Kontinent das metrische System: Die Pubs zapfen Bier in Pints (1 Pint = 0,57 Liter). Benzin dagegen wird in Litern gezapft. Außer in Nordirland werden Entfernungen inzwischen in Kilometern, nicht mehr in Meilen gemessen.

NOTRUF

Polizei (Garda): *999* oder *112*. Diese Nummern gelten auch für den Rettungsdienst, die Feuerwehr und die Küstenwache.

ÖFFENTLICHE VERKEHRSMITTEL

In Dublins kompakter Stadtmitte sind viele Wege ganz bequem zu Fuß machbar. Die Bahnlinien fahren ausschließlich an der Peripherie der Innenstadt. Es gibt zudem zahlreiche Buslinien, aber bei der Vielzahl der verschiedenen Routen braucht man bisweilen Orientierungshilfen.

BUSSE

Busse halten auf Zuruf. „An Lar" auf dem Zielschild bezeichnet einen Bus, der durch die Stadtmitte fährt. Unter den verschiedenen Wochentickets und Mehrfahrtenkarten sind vor allem die *Rambler Tickets (s. S. 42)* zu

empfehlen. Sie erlauben Fahrten auf allen Routen im Stadtgebiet für 6 Euro pro Person oder 10 Euro als Familienkarte für einen ganzen Tag. Eine kombinierte Bus-Luas-Karte für einen Tag kostet 6,80 Euro, die Bus-DART-Karte 9,30 Euro.

WAS KOSTET WIE VIEL?

> GUINNESS	**4,50 EURO** für ein pint	
> KAFFEE	**3 EURO** für eine Tasse	
> FISH & CHIPS	**7 EURO** für eine Portion	
> BUSTICKET	**1,50–2 EURO** für eine einfache Fahrt	
> MUSIK-CD	**20 EURO** für eine CD mit irischer Folkmusik	
> THEATER	**AB 20 EURO** für eine Eintrittskarte	

Sorgen Sie bei Busfahrten dafür, dass Sie immer genug Kleingeld dabeihaben: Die Fahrer geben nämlich kein Wechselgeld. Fahrpläne und Tickets: *Dublin Bus Office* [115 D2] | *59 O'Connell St. Upper* | *Tel. 873 42 22* | *Mo–Sa 9–17.30 Uhr* | *www.dublinbus.ie*

Insider Tipp

DART

Dublin Area Rapid Transport (DART) ist die Bahnstrecke, die nördliche und südliche Vor- und Küstenorte mit der Innenstadt – Connolly Station nördlich der Liffey, Tara Street und Pearse Street südlich davon – verbindet. Für Ausflüge an die Küste und für Dublinbesucher mit einer Unterkunft nahe den DART-Bahnhöfen ist sie nützlich *(alle 10–15 Min. von 6–24 Uhr | www.irishrail.ie)*. Die Tageskarte für 7,60 Euro lohnt sich ab vier Fahrten. Für Ausflüge besorgt man sich besser eine Rückfahrkarte am Automat oder Schalter.

LUAS

Die schnellen modernen Straßenbahnen Luas verkehren auf zwei Strecken. Die rote Linie fährt von der Connolly Station parallel zur Liffey am Nordufer fast bis Phoenix Park, überquert den Fluss zur Heuston Station und den südwestlichen Vororten. Die grüne Linie wiederum verbindet die südlichen Vororte Dublins mit St. Stephen's Green *(alle 10 Min. oder häufiger von 5.30–0.30 Uhr, Sa ab 6.30, So ab 7 Uhr | www.luas.ie)*.

Karten gibt es an Automaten und in Geschäften in der Nähe der Haltestellen.

■ ÖFFNUNGSZEITEN ■

Geschäftsstunden in Dublin sind grundsätzlich Montag bis Samstag 9 bis 18 Uhr mit einem uneinheitlichen Trend zur längeren Öffnung am Abend. Viele Läden haben auch sonntags ab Mittag geöffnet. In der Innenstadt schließen die meisten Geschäfte donnerstags nicht vor 20 Uhr. Kleinere Zeitungsläden, die häufig auch Lebensmittel und Getränke verkaufen, öffnen von früh bis spät.

■ POST ■

Die Dubliner Postämter haben Montag bis Freitag von 9.30 bis 18 Uhr geöffnet, das Hauptpostamt General Post Office an der O'Connell Street [115 D2] von Montag bis Samstag 8 bis 20, am Sonntag 10.30 bis 18.30 Uhr.

WETTER IN DUBLIN

Jan.	Feb.	März	April	Mai	Juni	Juli	Aug.	Sept.	Okt.	Nov.	Dez.
8	8	10	12	15	18	20	19	17	14	10	8
Tagestemperaturen in °C											
2	2	2	3	6	9	11	10	9	6	3	2
Nachttemperaturen in °C											
2	3	4	6	7	7	6	5	4	3	2	2
Sonnenschein Std./Tag											
13	11	10	11	11	11	13	13	12	12	12	13
Niederschlag Tage/Monat											
9	8	7	8	9	11	13	14	14	13	12	10
Wassertemperaturen in °C											

PRAKTISCHE HINWEISE

SICHERHEIT

Dublin ist kein gefährliches Pflaster, aber wie in anderen europäischen Großstädten lauern Schwindler und Diebe. Es gibt auch Drogenkriminalität. Im Ernstfall wenden Sie sich an: *Irish Tourist Assistance Service | Harcourt Square | Tel. 014 78 52 95*

STROM

Spannung: 220 Volt. Irische Steckdosen sind für Dreipolstecker konzipiert. Adapter für deutsche Zweipolstecker sind am Flughafen und im Handel in Dublin erhältlich.

TAXI

Dublin hat zu wenig Taxen. Die Chancen, eins zu bekommen, sind an den Standplätzen College Green, O'Connell Street und Aston Quay am größten. Sie können vom Straßenrand aus gerufen werden.

TELEFON & HANDY

Die Nutzung von Handys mit GMS-Standard und Roamingservice ist in Irland problemlos, aber teuer. Hier spart, wer das günstigste Netz wählt. Mit einer irischen Prepaid-Karte entfallen die Gebühren für eingehende Anrufe. Prepaid-Karten wie die von GlobalSim *(www.globalsim.net)* oder Globilo *(www.globilo.de)* sind zwar teurer, ersparen aber ebenfalls alle Roaming-Gebühren. Und: Sie bekommen schon zu Hause Ihre neue Nummer. Immer günstig sind SMS. Hohe Kosten verursacht die Mailbox: noch im Heimatland abschalten!

Wenn es nicht das eigene Handy sein muss und Ihr Gespräch länger dauern soll, **Insider Tipp** sparen Sie viel Geld an bestimmten gekennzeichneten öffentlichen Telefonen, wo Auslandsgespräche nur 0,25 Euro pro Minute kosten. Noch günstiger sind Telefonate von Callshops, **Insider Tipp** von denen es im Zentrum etliche gibt. Telefonkarten für 10, 15 und 20 Euro gibt es bei der Post. Telefonauskunft: *118 50*. Die Vorwahl für Irland ist *00353*, für Dublin *01* bzw. *00353-1* aus dem Ausland. Für Deutschland gilt die Vorwahl *0049*, für Österreich *0043* und für die Schweiz *0041*.

TRINKGELD

10 bis 15 Prozent Trinkgeld ist für Restaurantbedienungen üblich, wenn kein Betrag als „service charge" auf der Rechnung steht, 10 Prozent vom Fahrpreis gilt für Taxifahrer. In Pubs wird in der Regel kein Trinkgeld gegeben.

ZEIT

Die Zeitverschiebung beträgt ganzjährig minus 1 Stunde zur mitteleuropäischen Zeit: 15 Uhr MEZ = 14 Uhr in Dublin.

ZEITUNGEN

Wichtigste Tageszeitungen in Dublin sind die seriöse, liberal orientierte *Irish Times* sowie die etwas leichtere, aber qualitativ gute *Irish Independent*. Das Boulevardblatt ist *The Star*.

ZOLL

Für EU-Bürger gelten für Waren des persönlichen Gebrauchs keine Ein- und Ausfuhrbeschränkungen. In der Praxis werden zollfrei akzeptiert: 800 Zigaretten oder 200 Zigarren, 110 l Bier, 90 l Wein oder 10 l Spirituosen. Für Bürger aus der Schweiz gelten geringere Freimengen.

„Sprichst du Englisch?" Dieser Sprachführer hilft Ihnen,
die wichtigsten Wörter und Sätze auf Englisch zu sagen

Aussprache

Zur Erleichterung der Aussprache sind alle englischen Wörter mit einer einfachen
Aussprache (in eckigen Klammern) versehen. Folgende Zeichen sind Sonderzeichen:
ə   nur angedeutetes „e" wie in bitte
θ   [s] gesprochen mit der Zungenspitze zwischen den Zähnen
'   die nachfolgende Silbe wird betont

■ AUF EINEN BLICK ■

Ja/Nein	Yes [jäs]/No [nəu]
Bitte/Danke	Please [plihs]/Thank you ['änkju]
Gern geschehen.	You're welcome. [joh 'wälkəm]
Entschuldigung!	I'm sorry! [aim 'sori]
Wie bitte?	Pardon? ['pahdn]
Ich verstehe Sie/dich nicht.	I don't understand. [ai dəunt andə'ständ]
Können Sie mir bitte helfen?	Can you help me, please? ['kən ju 'hälp mi plihs]
Guten Morgen!	Good morning! [gud 'mohning]
Guten Abend!	Good evening! [gud 'ihwning]
Guten Tag!	Good morning!/afternoon!/evening! (je nach Tageszeit) [gud 'mohning/ahftə'nuhn/'ihwning]
Hallo! Grüß dich!	Hello! [hə'ləu]/Hi! [hai]
Wie ist Ihr/dein Name?	What's your name? [wots joh 'näim]
Mein Name ist …	My name is … [mai näim is]
Ich komme aus …	I'm from … [aim frəm]
… Deutschland.	… Germany. ['dschöhməni]
… Österreich.	… Austria. ['ohstriə]
… der Schweiz.	… Switzerland. ['switsələnd]
Auf Wiedersehen!	Goodbye! [‚gud'bai]/Bye-bye! [‚bai'bai]
Tschüss!	See you! [sih ju]/Bye! [bai]
Hilfe!	Help! [hälp]
Rufen Sie bitte …	Please call … ['plihs 'kohl]
… einen Krankenwagen.	… an ambulance. [ən 'ämbjuləns]
… die Polizei.	… the police. [θə pə'lihs]

■ UNTERWEGS ■

Bitte, wo ist …	Excuse me, where's … [iks'kjuhs 'mih 'weəs]
… der Bahnhof?	… the station? [θə 'stäischn]

SPRACHFÜHRER ENGLISCH

… der Flughafen?	… the airport? [θə ˈeəpoht]
… die Haltestelle?	… the stop? [θə stɔp]
… der Taxistand?	… the taxi rank? [θə ˈtäksiränk]
Bus/Fähre/Zug	bus [bas]/ferry [ˈfäri]/train [träin]
die U-Bahn	the tube (the underground) [θə tub (θə ˈandəgraund)]
Wo kann ich einen Fahrschein kaufen?	Where can I buy a ticket? [ˈweə kən_ai bai_ə ˈtikit]
Können Sie mir bitte sagen, wie ich nach … komme?	Could you tell me how to get to …, please? [ˈkud_ju ˈtäl me hau tə gät tə … plihs]
Gehen Sie geradeaus.	Go straight on. [gəu sträit ˈon]
Gehen Sie nach links/rechts.	Turn left/right. [töhn ˈläft/ˈrait]
Erste/Zweite Straße links/rechts.	The first/second street on the left/right. [θə ˈföhst/ˈsäknd striht on θə ˈläft/ˈrait]
nah/weit	near [niə]/far [fah]
Überqueren Sie …	Cross … [ˈkros]
… die Brücke.	… the bridge. [θə ˈbridsch]
… den Platz.	… the square. [θə ˈskweə]
… die Straße.	… the street. [θə ˈstriht]
Ich möchte ein Auto mieten.	I'd like to hire a car. [aid laik tə ˈhaiə ə ˈkah]
offen/geschlossen	open [ˈəupn]/closed [kləusd]
drücken/ziehen	push [pusch]/pull [pull]
Eingang/Ausgang	entrance [ˈäntrəns]/exit [ˈägsit]
Wo sind bitte die Toiletten?	Where are the restrooms, please? [ˈweərə θə ˈrestruhms plihs]
Damen/Herren	Ladies [ˈläidies]/Gentlemen [ˈdschäntlmən]

SEHENSWERTES

Wann ist das Museum geöffnet?	When's the museum open? [ˈwäns θə mjuˈsiəm ˈəupn]
Wann beginnt die Führung?	When does the tour start? [ˈwän das θə ˈtuə ˈstaht]
Altstadt	the old town [θi_ˈəuld ˈtaun]
Ausstellung	exhibition [ˌäksiˈbischn]
Gottesdienst	service [ˈsöhwis]
Kirche	church [tschöhtsch]
Palast	palace [ˈpälis]
Rathaus	town hall [ˈtaun ˈhohl]
Stadtplan	town map [ˈtaun ˈmäp]
Stadtzentrum	city [ˈsiti]/town centre [ˈtaun ˈsäntə]

■ DATUMS- & ZEITANGABEN

Montag	Monday ['mandäi]
Dienstag	Tuesday ['tjuhsdäi]
Mittwoch	Wednesday ['wänsdäi]
Donnerstag	Thursday ['θöhsdäi]
Freitag	Friday ['fraidäi]
Samstag	Saturday ['sätədäi]
Sonntag	Sunday ['sandäi]
heute/morgen	today [tə'däi]/tomorrow [tə'morəu]
täglich	every day ['äwri 'däi]/daily ['däili]
Wie viel Uhr ist es?	What time is it? [wot 'taim_is_it]
Es ist 3 Uhr.	It's three o'clock. [its 'θrih_ə'klok]
Es ist halb 3.	It's half past two. [its 'hahf pahst tuh]
Es ist Viertel vor 3.	It's quarter to three. [its 'kwohtə tə 'θrih]
Es ist Viertel nach 3.	It's quarter past three. [its 'kwohtə pahst 'θrih]

■ ESSEN & TRINKEN

Die Speisekarte, bitte.	May I have the menu, please. ['mäi ai häw θə 'mänjuh plihs]
Ich nehme …	I'll have … [ail häw]
Bitte ein Glas …	A glass of …, please [ə 'glahs_əw … plihs]
Besteck	cutlery ['katləri]
Messer/Gabel/Löffel	knife [naif]/fork ['fohk]/spoon ['spuhn]
Vorspeise	hors d'œuvre [oh'döhwr]/starter ['stahtə]
Hauptgericht	main course ['mäin 'kohs]
Nachspeise	dessert [di'söht]
Salz/Pfeffer	salt [sohlt]/pepper ['päpə]
scharf	hot [hot]
Ich bin Vegetarier/in.	I'm a vegetarian. [aim ə ,wädschi'teəriən]
Trinkgeld	tip [tip]
Die Rechnung, bitte.	May I have the bill, please? ['mäi ai häw θə 'bil plihs]

■ EINKAUFEN

Wo finde ich …	Where can I find … ['weə 'kən_ai 'faind]
… eine Apotheke?	… a chemist? [ə 'kämist]
… eine Bäckerei?	… a bakery? [ə 'bäikəri]
… ein Kaufhaus?	… a department store? [ə di'pahtmənt stoh]
… ein Lebensmittelgeschäft?-	… a food store? [ə 'fuhd stoh]
… einen Markt?	… a market? [ə 'mahkit]
Haben Sie …?	Have you got …? ['həw ju got]
Ich möchte …	I'd like … [aid 'laik]
Ein Stück hiervon, bitte.	A piece of this, please. [ə pihs əw θis plihs]
Eine Einkaufstüte, bitte.	A bag, please. [ə bäg plihs]

SPRACHFÜHRER

Das gefällt mir (nicht).	I (don't) like it. [ai (dəunt) laik_it]
Wie viel kostet es?	How much is it? ['hau 'matsch is it]
Nehmen Sie Kreditkarten?	Do you take credit cards?
	[du_ju täik 'krädltkahds]

■ ÜBERNACHTEN

Ich habe bei Ihnen ein Zimmer reserviert.	I've reserved a room. [aiw ri'söhwd_ə 'ruhm]
Haben Sie noch Zimmer frei?	Have you got any vacancies?
	[həw ju got_,äni 'wäikənsis]
ein Einzelzimmer	a single room [ə 'singl ruhm]
ein Doppelzimmer	a double room [ə 'dabl ruhm]
mit Dusche/Bad	with a shower/bath [wiθ ə 'schauə/'bahθ]
Was kostet das Zimmer?	How much is the room?
	['hau 'matsch is θə ruhm]
Frühstück	breakfast ['bräkfəst]
Halbpension/Vollpension	half board ['hahf' bohd]/full board ['ful bohd]

■ PRAKTISCHE INFORMATIONEN

Können Sie mir einen Arzt empfehlen?	Can you recommend a doctor? [kən ju ,räkə'mänd ə 'doktə]
Ich habe hier Schmerzen.	I've got pain here. [aiw got päin 'hiə]
Ich habe Durchfall.	I've got diarrhoea. [aiw got daiə'riə]
Kinderarzt	pediatrician [,pihdiə'trischn]
Zahnarzt	dentist ['däntist]
Eine Briefmarke, bitte.	One stamp, please. [wan stämp 'plihs]
Postkarte	postcard [pəuskahd]
Wo ist bitte …	Where's … , please? ['weəs ... plihs]
… die nächste Bank?	… the nearest bank … [θə 'niərist 'bänk]
… der nächste Geldautomat?	… the nearest cashpoint …
	[θə 'niərist 'käschpoint]

■ ZAHLEN

1	one [wan]	12	twelve [twälw]
2	two [tuh]	13	thirteen [θöh'tihn]
3	three [θrih]	14	fourteen [,foh'tihn]]
4	four [foh]	20	twenty ['twänti]
5	five [faiw]	50	fifty ['fifti]
6	six [siks]	100	a (one) hundred [ə ('wan) 'handrəd]
7	seven ['säwn]	200	two hundred ['tuh 'handrəd]
8	eight [äit]	500	five hundred ['faiw 'handrəd]
9	nine [nain]	1000	a (one) thousand [ə ('wan) 'θausənd]
10	ten [tän]	1/2	a half [ə 'hahf]
11	eleven [i'läwn]	1/4	a (one) quarter [ə ('wan) 'kwohtə]

Fluss Liffey mit der Halfpenny Bridge

> UNTERWEGS IN DUBLIN

Die Seiteneinteilung für den Reiseatlas finden Sie auf
dem hinteren Umschlag dieses Reiseführers

CITY ATLAS

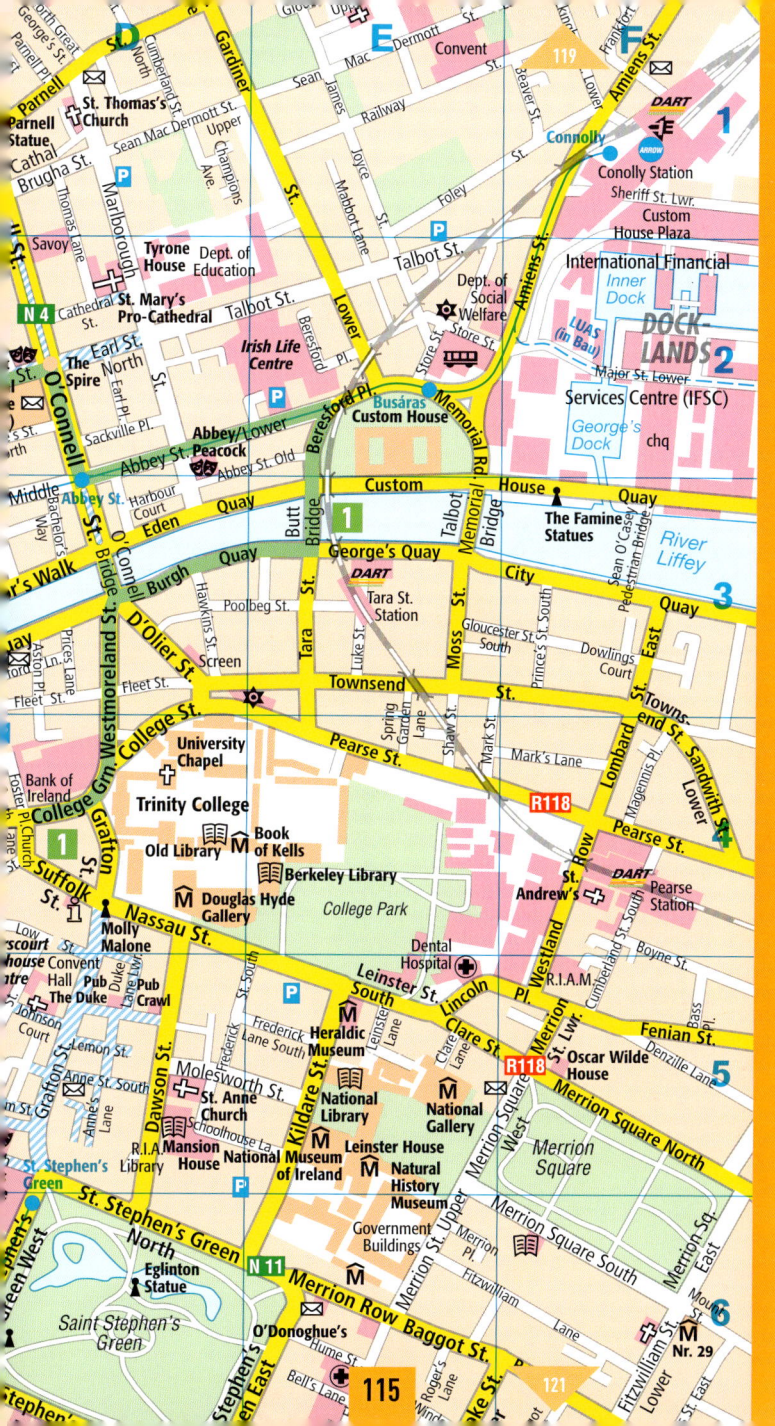

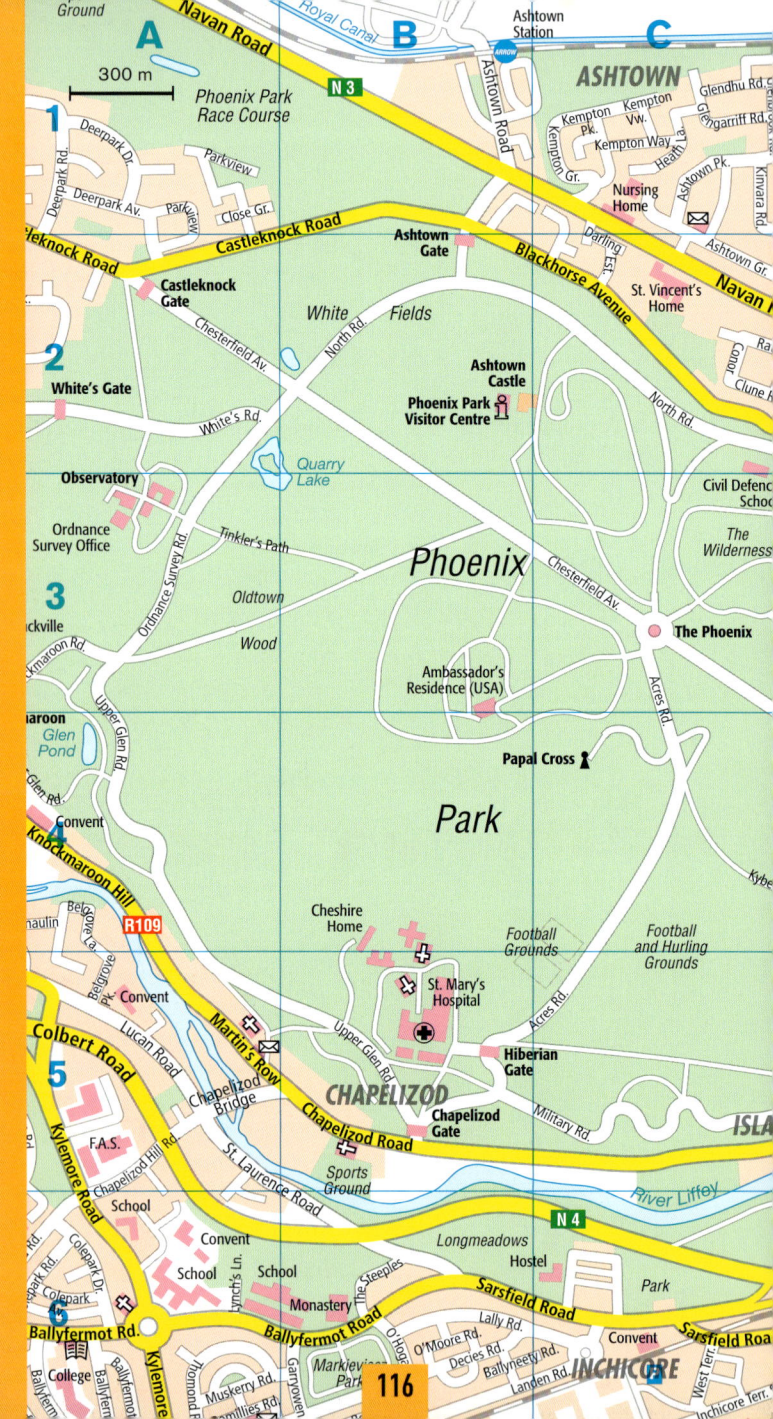

Ground

Royal Canal

Navan Road

Ashtown
Station

ASHTOWN

A

B

C

300 m

Phoenix Park
Race Course

N 3

Ashtown
Road

Kempton
Pk.

Kempton
Vw.

Glendhu Rd.

Glengarriff Rd.

Kempton Way

Kinvara Rd.

Heath La.

Kempton
Gr.

Ashtown Pk.

Ashtown Rd.

1

Deerpark Rd.

Deerpark Dr.

Parkview

Deerpark Av.

Parkview

Close Gr.

Nursing
Home

Darling St.

Ashtown Gr.

Castleknock Road

**Ashtown
Gate**

Blackhorse Avenue

St. Vincent's
Home

Navan

Castleknock Road

**Castleknock
Gate**

White Fields

North Rd.

Conn

Ra

Chesterfield Av.

Clune

2

White's Gate

**Ashtown
Castle**

North Rd.

White's Rd.

**Phoenix Park
Visitor Centre**

Observatory

Quarry
Lake

Civil Defence
School

Ordnance
Survey Office

Ordnance Survey Rd.

Tinkler's Path

Phoenix

Chesterfield Av.

The
Wilderness

3

ckville

Oldtown

The Phoenix

maroon Rd.

Wood

**Ambassador's
Residence (USA)**

Acres Rd.

Upper Glen Rd.

maroon
Glen Pond

Glen Rd.

Papal Cross

Knockmaroon Hill

Park

Kybe

Convent

R109

naulin

Belg

Cheshire
Home

Football
Grounds

Football
and Hurling
Grounds

Convent

Belgrove

Pk.

Lucan Road

**St. Mary's
Hospital**

Acres Rd.

5

Colbert Road

Martin's Row

Upper Glen Rd.

**Hiberian
Gate**

Kylemore Road

Chapelizod
Bridge

CHAPELIZOD

Military Rd.

ISLA

F.A.S.

Chapelizod Hill Rd.

Chapelizod Road

**Chapelizod
Gate**

School

St. Laurence Road

Sports
Ground

River Liffey

N 4

6

Convent

Longmeadows
Hostel

Park

ark Rd.

Colpark Dr.

School

School

The Steeples

Sarsfield Road

Convent

Sarsfield Road

Colepark

Lynch's Ln.

Monastery

O'Hogan

Lally Rd.

Decies Rd.

West Terr.

Ballyfermot Rd.

Kylemore

Ballyfermot Road

Markievicz
Park

O'Moore Rd.

Ballyneety Rd.

Landen Rd.

INCHICORE

Inchicore Rd.

College

Thomond

Muskerry Rd.

Garryowen

Ramillies Rd.

116

F

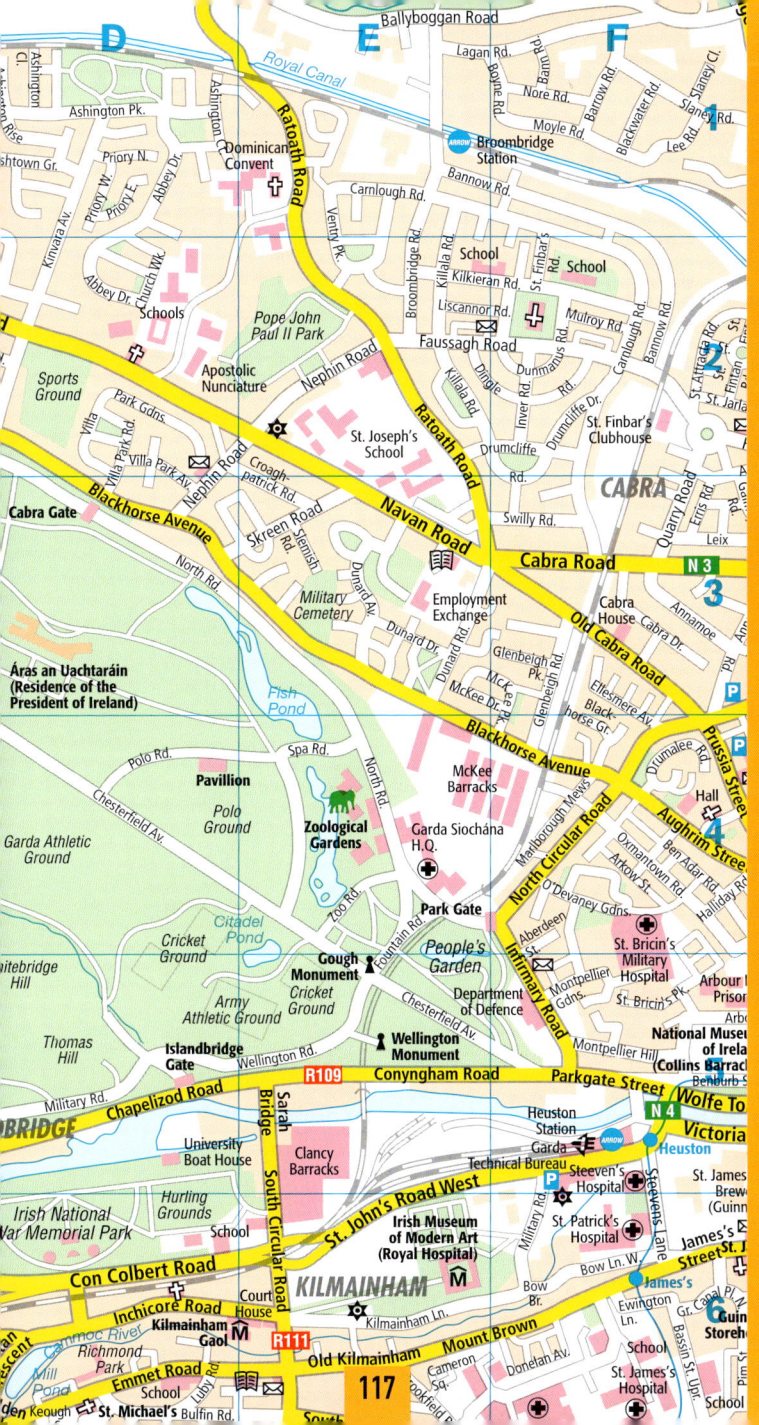

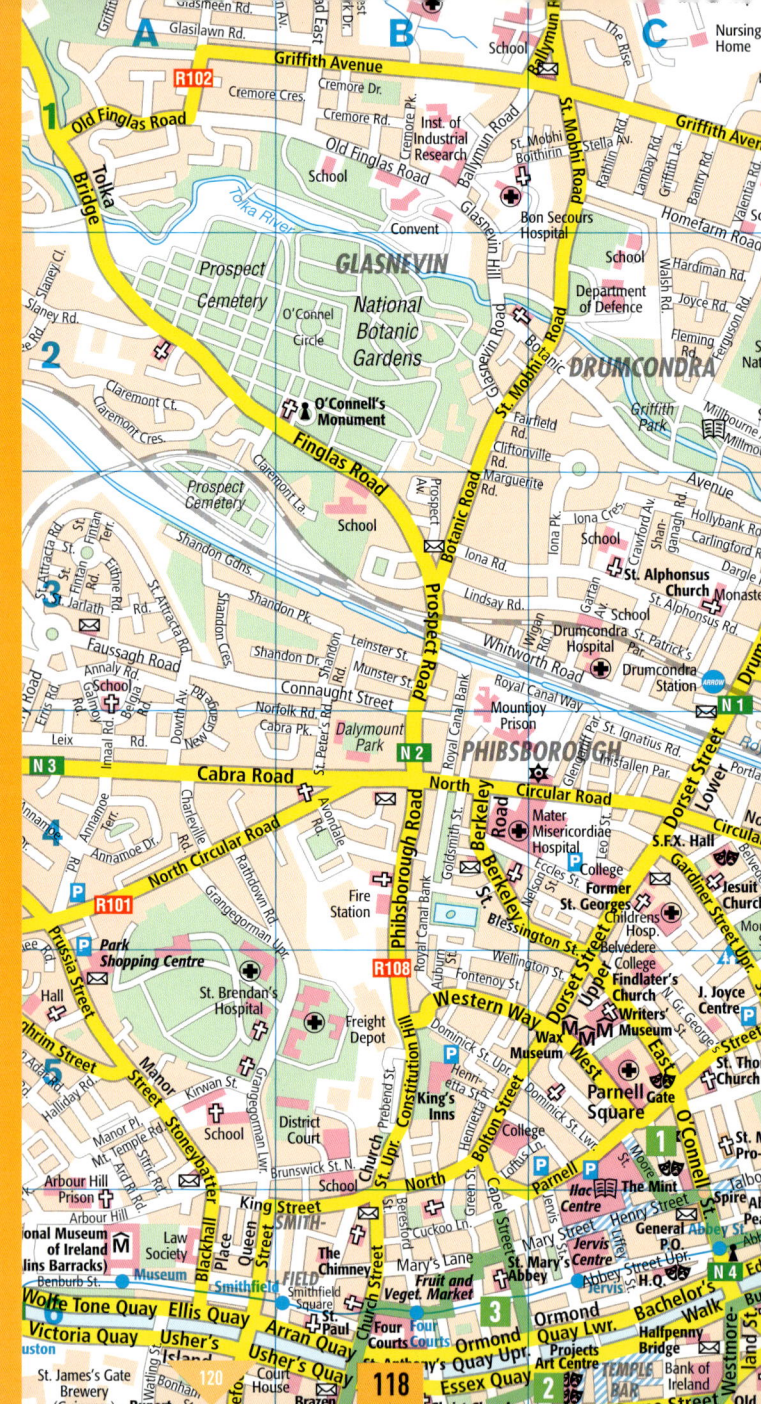

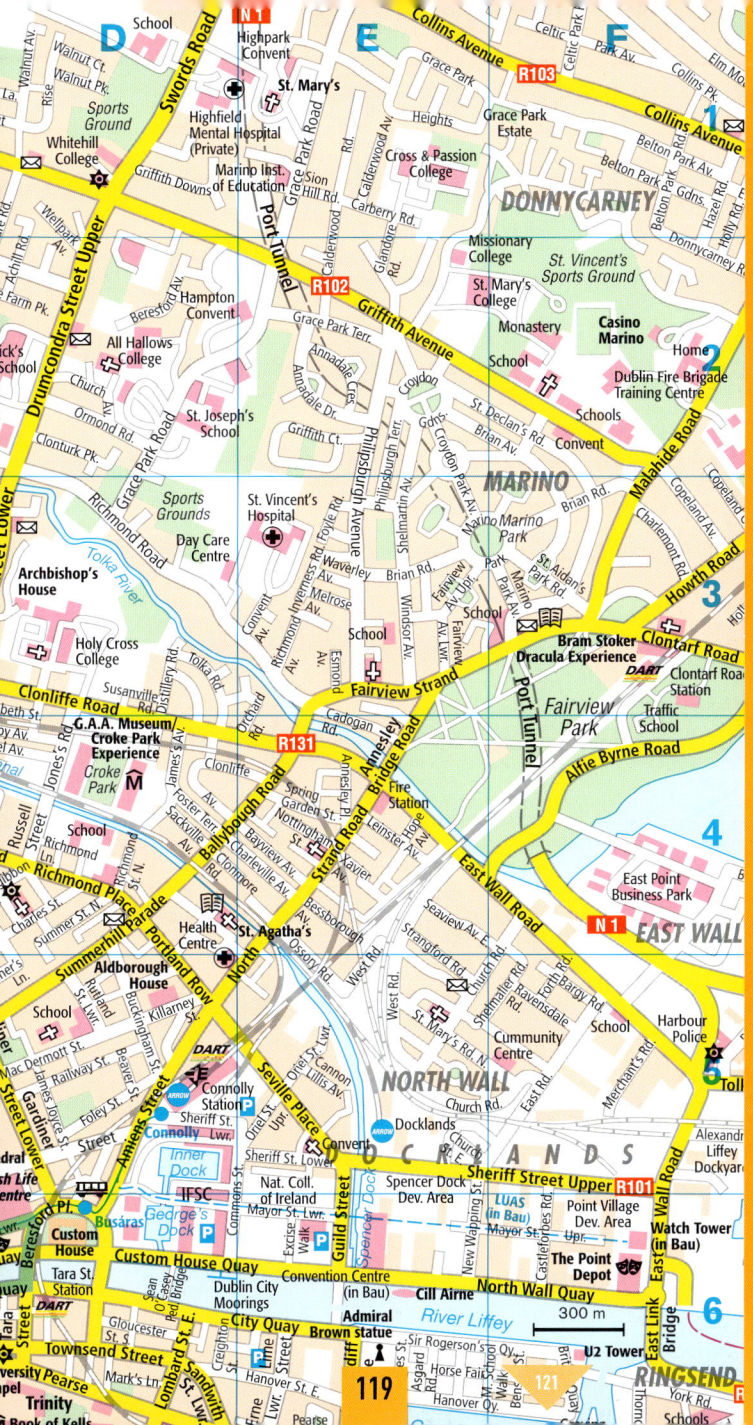

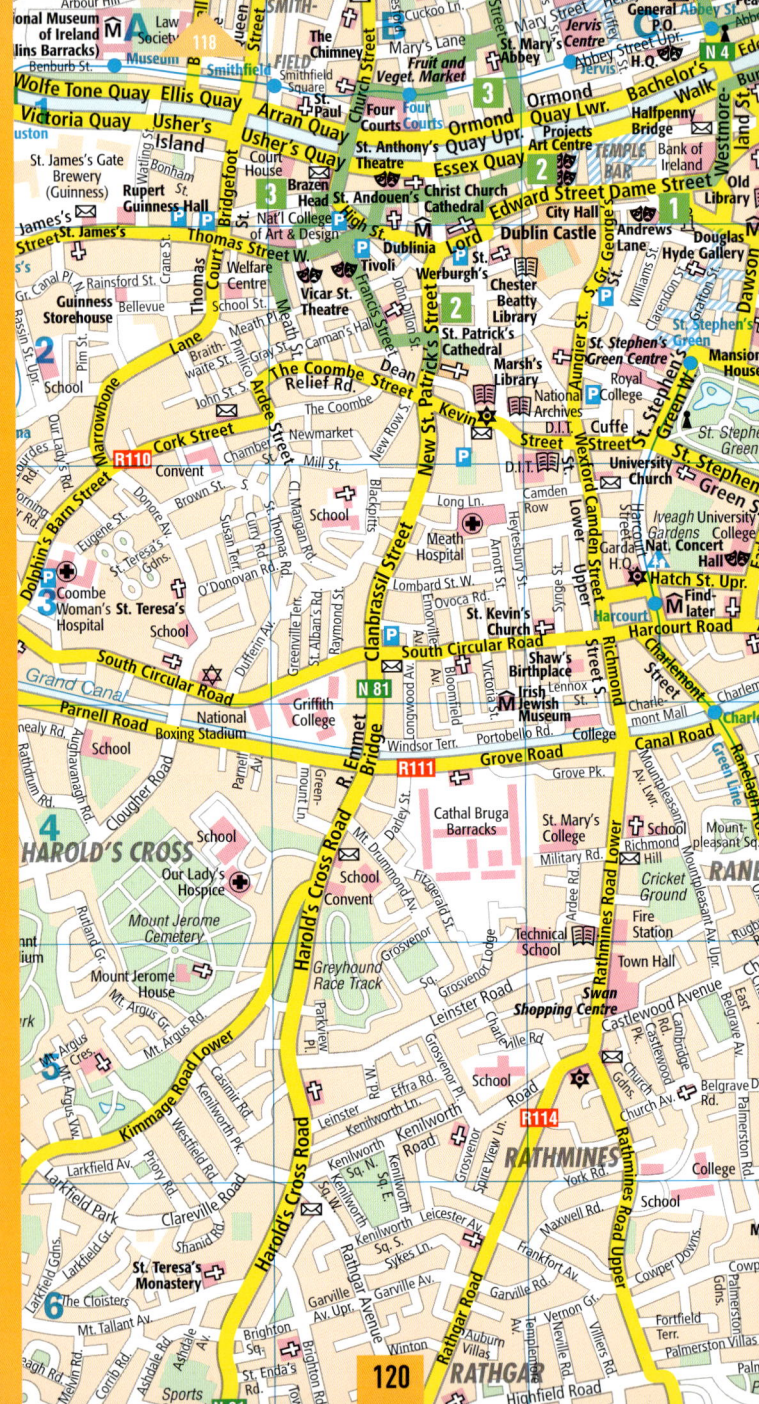

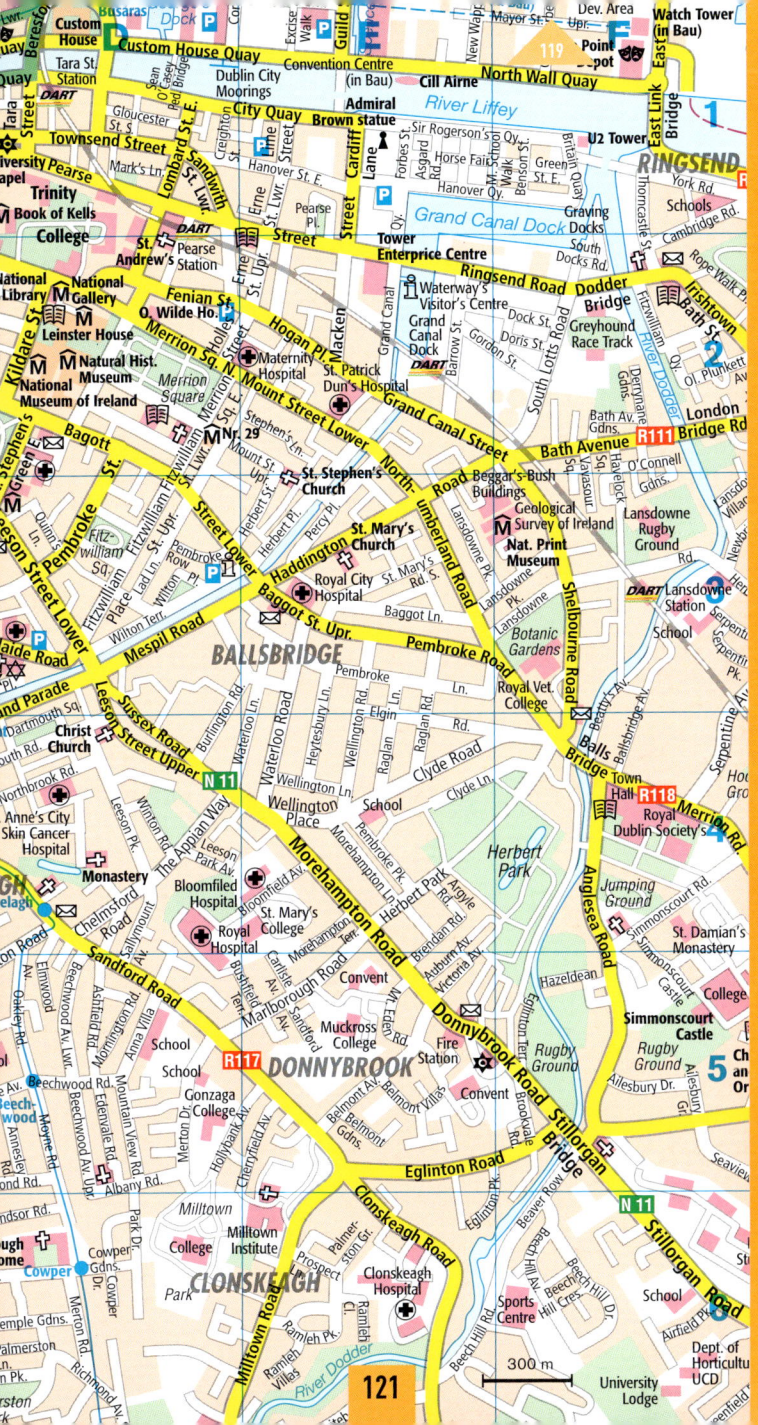

Das Register enthält eine Auswahl der im Cityatlas dargestellten Straßen und Plätze

A

Abbey St. Lwr. 115/D3-E2
Abbey St. Mid. 114/C3-115/D3
Abbey St. Old 115/D3-E2
Abbey St. Upr. 114/B-C3
Adelaide Rd. 120/C3-121/D3
Alfie Byrne Rd. 119/E4-F3
Amiens St. 115/E2-119/D5
Anglesea Rd. 121/F4-5
Anglesea St. 114/C3-4
Ann St. North 114/A2
Anne St. South 115/D5
Anne's Ln. 115/D5
Annesley Bridge Rd. 119/E3-4
Ardee St. 111/A-B2
Arran St. East 114/B3
Aston Pl. 115/D3
Aston Quay 114/C3-115/D3
Aughrim St. 117/F4-118/A5
Aungier Pl. 114/C6
Aungier St. 114/C5-6

B

Bachelor's Walk 114/C3-115/D3
Bachelor's Way 115/D3
Back Ln. 114/A4-5
Baggot St. Lwr. 121/E3
Baggot St. 115/E-F6
Balls Bridge 121/F4
Ballybough Rd. 119/D-E4
Ballyfermot Rd. 116/A-B6
Ballymun Rd. 118/B1
Bass Pl. 115/F5
Bath Av. 121/F2
Beaver St. 115/F1
Bedford Ln. 114/C3-115/D3
Beresford Pl. 115/E2
Berkeley Rd. 118/B4
Berkeley St. 118/B4
Berresford St. 114/A2-3
Bishop St. 114/B-C6
Blackhall Place 118/A6
Blackhorse Av. 116/B1-117/F4
Blessington St. 118/B4-C5
Bolton St. 114/B1-2
Botanic Av. 118/B2-119/D3
Botanic Rd. 118/B2-3
Bow Ln. East 114/C5-6
Bride Rd. 114/A-B5
Bride St. 114/B5-6
Bridge St. Upr. 114/A4
Britain St. 114/B2
Brunswick St. North 114/A2
Bull Alley St. 114/B5
Burgh Quay 115/D-E3
Butt Bridge 115/E3
Byrne's Ln. 114/C3

C

Cabra Rd. 117/F3-118/B4
Canal Rd. 120/C4
Capel St. 114/B2-3
Cardiff Ln. 121/E1
Carman's Hall 114/A5
Castle Market 114/C5
Castle St. 114/B4
Castleknock Rd. 116/A2-B1
Castlewood Av. 120/C5
Cathal Brugha St. 115/D1
Cathedral St. 115/D2
Cecilia St. 114/C4
Champions Ave. 115/D1
Chancer Pl. 114/A3-4
Chancery Ln. 114/B5
Chancery St. 114/A-B3

Chapel Ln. 114/C2
Chapelizod Rd. 116/B5-117/E5
Charlemont St. 120/C3-4
Charles St. West 114/A3-B4
Charleston Rd. 120/C5-121/D4
Chatham St. 114/C5-115/D5
Christchurch Pl. 114/B4
Church Ln. 114/D4
Church St. Upr. 114/A1-2
Church St. 114/A2-3
City Quay 115/E-121/E1
Clanbrassil St. 120/B3
Clare Ln. 115/E5
Clare St. 115/E-F5
Claredon St. 114/C5-115/D4
Clareville Rd. 120/A5-6
Clonliffe Rd. 118/C3-119/E4
Clontarf Rd. 119/F3
Coleraine St. 114/A1-2
College Grn. 114/C4
College St. 115/D3-4
Con Colbert Rd.
  116/A5-117/E6
Connaught St. 118/A-B3
Constitution Hill 114/A1
Conyngham Rd. 117/E-F5
Cook St. 114/A4
Cope St. 114/C4
Copper Alley 114/B4
Cork St. 120/A2
Cornmarket 114/A4-5
Cr. Alley 114/C4
Crane St. 114/B4
Cuckoo Ln. 114/A-B2
Cuffe Ln. 114/C6
Cuffe St. 114/C6
Cumberland St. South
  115/F4-5
Custom House Quay
  115/E-F3

D

Dame Ct. 114/C4
Dame Ln. 114/C4
Dame St. 114/C4
Dawson St. 115/D4-6
Dean St. 114/A6
Dean Swift Sq. 114/A5
Denzille Ln. 115/F5
Digge's Ln. 114/C5
Digges St. Upr. 114/C6
Dodder Bridge 121/F2
D'Olier St. 115/D3
Dolphin's Barn St. 120/A3
Dominick Pl. 114/B-C1
Dominick St. Lwr. 114/B1-C2
Donnybrook Rd. 121/E-F5
Dorset St. Lwr. 118/C3-4
Dorset St. Upr. 114/B1
Dorset St. Upr. 118/C4-5
Dowlings Court 115/F3
Drumcondra St. Lwr.
  118/C3-119/D2
Drumcondra St. Upr. 119/D1-2
Drury St. 114/C4-5
Duke Ln. Lwr. 115/D5
Duke St. 115/D5

E

Earl Pl. 115/D2
Earl St. North 115/D2
East Link Bridge 119/F6
East Wall Rd. 119/E4-F5
Eden Quay 115/D-E3
Eglinton Rd. 121/E-F5
Ellis Quay 118/A6

Essex Quay 114/B4
Essex St. West 114/B4
Eustace St. 114/C4
Exchange St. Lwr. 114/B4
Exchequer St. 114/C4

F

Fade St. 114/C5
Fairview Strand 119/E-F3
Faussagh Rd. 118/A3
Fenian St. 115/F5
Finglas Rd. 118/A2-B3
Fishamble St. 114/B4
Fitzwilliam Ln. 115/E-F6
Fitzwilliam Place 121/D3
Fitzwilliam St. Lwr. 115/F6
Fitzwilliam St. Upr. 121/D3
Fleet St. 114/C3-115/D3
Foley St. 115/E-F1
Foster Pl. South 115/D4
Fownes St. Upr. 114/C3-4
Fr. Mathew Bridge 114/A3-4
Francis St. 114/A4-6
Frederick Ln. South 115/D-E5
Frederick St. South 115/D-E5

G

Gardiner St. Lwr. 115/D1-E2
Gardiner St. Mid. 118/C5-119/D5
Gardiner St. Upr. 118/C4-5
George's Hill 114/A2-3
George's Quay 115/E3
Glasnevin Hill 118/B1-2
Gloucester St. South 115/E-F3
Glovers Alley 114/C6-115/D6
Golden Ln. 114/B5
Grace Park Rd. 119/D3-E2
Grafton St. 115/D4-5
Granby Row 114/B-C1
Grand Canal St. 121/E-F2
Grand Parade 120/C4-121/D3
Grattan Bridge 114/B3-4
Grattan Crescent 116/C6-117/D6
Great Lotts 114/C3-115/D3
Greek St. 114/A3
Green St. Little 114/B2-3
Green St. 114/B2
Griffith Av. 118/A1-119/F2
Grove Rd. 120/B-C4

H

Haddington Rd. 121/E2-3
Halston St. 114/B2
Hanover Ln. 114/A5
Harbour Court 115/D3
Harcourt Rd. 120/C3
Harold's Cross Rd. 120/A6-B4
Hatch St. Upr. 120/C3
Hawkins St. 115/D3
Henrietta Ln. 114/B1
Henrietta Pl. 114/B1-2
Henrietta St. 114/B1
Henry St. 114/C2-115/D2
High St. 114/A4
Homefarm Rd. 118/C1-119/D2
Hotel Yard 114/C2-3
Howth Rd. 119/F3
Hume St. 115/E6

I

Infirmary Rd. 117/F4-5
Inns Quay 114/A3-4

J

James Joyce St. 115/E1-2
James's St. 117/F6

Jervis Ln. Upr. 114/B2
Jervis St. 114/B2-C3
John Dillon St. 114/A5
Johnson Court 115/D5
Jones's Rd. 119/D3-4

K

Kevin St. Lwr. 114/B-C6
Kevin St. Upr. 114/A-B6
Kildare St. 115/E5-6
Kimmage Rd. Lwr. 120/A5-B4
King St. South 114/C5-115/D5
King St. 118/A-B6
King's Inns St. 114/B1-C2

L

Lamb Alley 114/A4-5
Larkfield Park 120/A5-6
Leeson St. Lwr. 120/D3
Leeson St. Upr. 121/D3-4
Leinster Ln. 115/E5
Leinster Rd. 120/B-C5
Leinster St. South 115/D4-E5
Lemon St. 115/D5
Liffey St. Lwr. 114/C3
Liffey St. Upr. 114/C2-3
Lincoln Pl. 115/E-F5
Little Mary St. 114/B3
Little Strand St. 114/B-C3
Loftus Ln. 114/B2
Lombard St. East 115/F3-4
Lord Edward St. 114/B-C4
Luke St. 115/E3

M

Mabbot Ln. 115/E1-2
Macken St. 121/E1-2
Macmahon Bridge 121/E2
Magennis Pl. 115/F4
Malahide Rd. 119/F2-3
Manor St. 118/A5
Mark St. 115/E3-4
Mark's Alley West 114/A5
Mark's Ln. 115/E-F4
Marlborough Rd. 121/D5-E4
Marlborough St. 115/D1-3
Marrowbone Ln. 120/A2
Martin's Row 116/A4-B5
Mary St. 114/B3-C2
Mary's Abbey 114/B3
Mary's Ln. 114/A-B3
Memorial Rd. 115/E2
Mercer St. Lwr. 114/C5-6
Mercer St. Upr. 114/C6
Merchants Quay 114/A4
Merrion Pl. 115/E6
Merrion Row 115/E6
Merrion Sq. East 115/F6
Merrion Sq. North 115/F5
Merrion Sq. South 115/E5-F6
Merrion Sq. West 115/E-F5
Merrion St. Lwr. 115/F5
Merrion St. Upr. 115/E5-6
Mespil Rd. 121/D-E3
Millenium Bridge 114/C3
Milltown Rd. 121/D6-E5
Molesworth St. 115/D-E5
Moore St. 114/C2
Morehampton Rd. 121/D4-E5
Moss St. 115/E3
Mount Brown 117/E-F6
Mount St. 115/F6

N

Nassau St. 115/D4-E5
Navan Rd. 116/B1-117/F3
New Row South 114/A6
New St. South 114/A6
Nicholas St. 114/A-B5

North Circular Rd. 117/F4-118/C4
North King St. 114/A-B2
North Strand Rd. 119/D5-E4
North Wall Quay 121/E-F1
Northumberland Rd. 121/E3

O

O'Connell Bridge 115/D3
O'Connell St. 114/C1-115/D3
O'Donovan Rossa Bridge 114/A4
Old Cabra Rd. 117/F3
Old Finglas Rd. 118/A1
Old Kilmainham 117/E6
Ormond Quay Lwr. B/C3
Ormond Quay Upr. 114/A4-B3
Ormond Sq. 114/B3

P

Parkgate St. 117/F5
Parliament St. 114/B4
Parnell Rd. 120/A3-4
Parnell Sq. West 114/C1
Parnell St. 114/B2-115/D1
Patrick St. 114/A5-6
Pearse St. 115/D3-F4
Pembroke Rd. 121/E-F3
Pembroke St. 121/D2-3
Peter Row 114/B-C6
Peter St. 114/B6
Phibsborough Rd. 118/B4-5
Philipsburgh Av. 119/E2-3
Poolbeg St. 115/D-E3
Port Tunnel 119/E1-F4
Portland Row 119/D4-5
Prices Ln. 115/E3
Prince's St. North
    114/C2-115/D2
Prince's St. South 115/F3
Propy's Ln. 114/C2
Prospect Rd. 118/B3-4
Prussia St. 118/A4-5

Q

Queen St. 118/A6

R

R. Emmet Bridge 120/B3-4
Railway St. 115/E-F1
Ranelagh Rd. 120/C4
Rathgar Av. 120/B6
Rathmines Rd. Lwr.
    120/C4-5
Rathmines Rd. Upr.
    120/C5-6
Ratoath Rd. 117/D1-E3
Redmonds Hill 114/C6
Richmond Place 119/D4
Richmond Rd. 119/D2-E3
Ringsend Rd. 121/E-F2
Ross Rd. 114/A-B5
Russell St. 119/D4
Ryder's Row 114/B2

S

S. City Market 114/C5
Sackville Pl. 115/D2
Sampson's Ln. 114/C2
Sandford Rd. 121/D4-E5
Sandwith St. Lwr. 115/F3-4
Sarah Bridge 117/E5
Sarsfield Rd. 116/B6-117/D6
Schoolhouse La. 115/D-E5
Sean Mac Dermott St. Lwr.
    115/E1
Sean Mac Dermott St. Upr.
    115/D1
Seville Place 119/D-E5
Shaw St. 115/E3-4
Shelbourne Rd. 121/F3

Sheriff St. Lwr. 115/F1
Sheriff St. Upr. 119/E-F5
Ship St. Great 114/B5
Ship St. Little 114/B5
South Circular Rd. 120/A-C3
South Great George's St.
    114/C4-5
South Lotts Rd. 121/F2
Spring Garden Ln. 115/E3-4
St. Andrew St. 114/C4-115/D4
St. John's Rd. West 117/6-F5
St. Lwr. 121/D-E3
St. Michan's St. 114/A-B3
St. Mobhi Rd. 118/B2-C1
St. Patrick's Close 114/A-B6
St. Stephen's Green East
    115/D6-121/D3
St. Stephen's Green North
    115/D5-E6
St. Stephen's Green South
    115/D6-121/C3-D3
St. Stephen's Green West
    115/C6-D5
Stephen St. Lwr. 114/C5
Stephen St. Upr. 114/B-C5
Stillorgan Bridge 121/F5
Stoneybatter 118/A5-6
Store St. 115/E2
Strand St. 114/B3
Suffolk St. 115/D4
Summerhill Parade 119/D4-5
Sussex Rd. 121/D3-4
Swift's Alley 114/A5
Swift's Row 114/C3
Swords Rd. 119/D1
Sycamore St. 114/C4

T

Talbot Memorial Bridge
    115/E3
Talbot St. 115/D2-F1
Tara St. 115/E3-4
Temple Bar 114/B4-C3
Temple Ln. South 114/C4
The Appian Way 121/D4
The Combe Relief St. 114/A6
Thomas Court 120/A2
Thomas Ln. 115/D1-2
Tolka Bridge 118/A1-2
Townsend St. 115/D-F3
Trinity St. 114/C4

U

Usher's Island 118/A6

V

Victoria Quay 117/F5-118/A6

W

Waterloo Rd. 121/E3-4
Wellington Place 121/E4
Wellington Quay 114/B4-C3
Werburgh St. 114/B4-5
Westland Row 115/F4-5
Westmoreland St. 115/D3-4
Whitefriar St. 114/B5-6
Whitworth Rd. 118/B3-C4
Wick Low St. 114/C4-115/D4
William St. South 114/C4-5
William's Ln. 114/C2-3
Winetavern St. 114/A-B4
Wolfe Tone Quay
    117/F5-118/A6
Wolfe Tone St. 114/B2-3
Wood Quay 114/A-B4
Wood St. 114/B5-6

Y

York St. 114/C6

M̂	Museum
	Theater, Oper
	Information
♰	Kirche
✡	Synagoge
✚	Krankenhaus
✿	Polizei
✉	Post
	Bibliothek
	Denkmal
	Zoo
P	Parkplatz
⚠	Jugendherberge
—●—	Straßenbahnlinie mit Station
DART	Dublin Area Rapid Transit
	Bemerkenswertes Gebäude
	Öffentliches Gebäude
	Grünfläche
	Unbebaute Fläche
/////	Fußgängerzone
	Stadtspaziergänge

FÜR IHRE NÄCHSTE REISE

gibt es folgende MARCO POLO Titel:

DEUTSCHLAND
Allgäu
Amrum/Föhr
Bayerischer Wald
Berlin
Bodensee
Chiemgau/Berchtes-
  gadener Land
Dresden/Sächsische
  Schweiz
Düsseldorf
Eifel
Erzgebirge/Vogtland
Franken
Frankfurt
Hamburg
Harz
Heidelberg
Köln
Lausitz/Spreewald/
  Zittauer Gebirge
Leipzig
Lüneburger Heide/
  Wendland
Mark Brandenburg
Mecklenburgische
  Seenplatte
Mosel
München
Nordseeküste
  Schleswig-
  Holstein
Oberbayern
Ostfriesische Inseln
Ostfriesland/
  Nordseeküste
  Niedersachsen/
  Helgoland
Ostseeküste
  Mecklenburg-
  Vorpommern
Ostseeküste
  Schleswig-
  Holstein
Pfalz
Potsdam
Rheingau/
  Wiesbaden
Rügen/Hiddensee/
  Stralsund
Ruhrgebiet
Schwäbische Alb
Schwarzwald
Stuttgart
Sylt
Thüringen
Usedom
Weimar

ÖSTERREICH | SCHWEIZ
Berner Oberland/
  Bern
Kärnten
Österreich
Salzburger Land

Schweiz
Tessin
Tirol
Wien
Zürich

FRANKREICH
Bretagne
Burgund
Côte d'Azur/Monaco
Elsass
Frankreich
Französische
  Atlantikküste
Korsika
Languedoc-Roussillon
Loire-Tal
Nizza/Antibes/Cannes/
  Monaco
Normandie
Paris
Provence

ITALIEN | MALTA
Apulien
Capri
Dolomiten
Elba/Toskanischer
  Archipel
Emilia-Romagna
Florenz
Gardasee
Golf von Neapel
Ischia
Italien
Italienische Adria
Italien Nord
Italien Süd
Kalabrien
Ligurien/
  Cinque Terre
Mailand/Lombardei
Malta/Gozo
Oberital. Seen
Piemont/Turin
Rom
Sardinien
Sizilien/
  Liparische Inseln
Südtirol
Toskana
Umbrien
Venedig
Venetien/Friaul

SPANIEN | PORTUGAL
Algarve
Andalusien
Barcelona
Baskenland/Bilbao
Costa Blanca
Costa Brava
Costa del Sol/Granada
Fuerteventura
Gran Canaria

Ibiza/Formentera
Jakobsweg/Spanien
La Gomera/El Hierro
Lanzarote
La Palma
Lissabon
Madeira
Madrid
Mallorca
Menorca
Portugal
Sevilla
Spanien
Teneriffa

NORDEUROPA
Bornholm
Dänemark
Finnland
Island
Kopenhagen
Norwegen
Schweden
Stockholm
Südschweden

WESTEUROPA | BENELUX
Amsterdam
Brüssel
Dublin
England
Flandern
Irland
Kanalinseln
London
Luxemburg
Niederlande
Niederländische
  Küste
Schottland
Südengland

OSTEUROPA
Baltikum
Budapest
Estland
Kaliningrader Gebiet
Lettland
Litauen/Kurische
  Nehrung
Masurische Seen
Moskau
Plattensee
Polen
Polnische Ostsee-
  küste/Danzig
Prag
Riesengebirge
Russland
Slowakei
St. Petersburg
Tallinn
Tschechien
Ungarn
Warschau

SÜDOSTEUROPA
Bulgarien
Bulgarische
  Schwarzmeerküste
Kroatische Küste/
  Dalmatien
Kroatische Küste/
  Istrien/Kvarner
Montenegro
Rumänien
Slowenien

GRIECHENLAND | TÜRKEI | ZYPERN
Athen
Chalkidiki
Griechenland
  Festland
Griechische
  Inseln/Ägäis
Istanbul
Korfu
Kos
Kreta
Peloponnes
Rhodos
Samos
Santorin
Türkei
Türkische Südküste
Türkische Westküste
Zakinthos
Zypern

NORDAMERIKA
Alaska
Chicago und
  die Großen Seen
Florida
Hawaii
Kalifornien
Kanada
Kanada Ost
Kanada West
Las Vegas
Los Angeles
New York
San Francisco
USA
USA Neuengland/
  Long Island
USA Ost
USA Südstaaten/
  New Orleans
USA Südwest
USA West
Washington D.C.

MITTEL- UND SÜDAMERIKA
Argentinien
Brasilien
Chile
Costa Rica
Dominikanische
  Republik

Jamaika
Karibik/
  Große Antillen
Karibik/
  Kleine Antillen
Kuba
Mexiko
Peru/Bolivien
Venezuela
Yucatán

AFRIKA | VORDERER ORIENT
Ägypten
Djerba/
  Südtunesien
Dubai/Vereinigte
  Arabische Emirate
Israel
Jerusalem
Jordanien
Kapstadt/
  Wine Lands/
  Garden Route
Kapverdische Inseln
Kenia
Marokko
Namibia
Qatar/Bahrain/Kuwait
Rotes Meer/Sinai
Südafrika
Tunesien

ASIEN
Bali/Lombok
Bangkok
China
Hongkong/Macau
Indien
Indien/Der Süden
Japan
Ko Samui/
  Ko Phangan
Malaysia
Nepal
Peking
Philippinen
Phuket
Rajasthan
Shanghai
Singapur
Sri Lanka
Thailand
Tokio
Vietnam

INDISCHER OZEAN | PAZIFIK
Australien
Malediven
Mauritius
Neuseeland
Seychellen
Südsee

In diesem Register finden Sie alle erwähnten Sehenswürdigkeiten, Museen und Ausflugsziele sowie wichtige Sachbegriffe und Personen. Halbfette Seitenzahlen verweisen auf den Haupteintrag, kursive auf ein Foto.

Abbey Theatre 59, **77**, 90
American College Dublin 29
Augustinerkirche **48**, 92, 93
Bacon, Francis 42
Ballsbridge 21, 72, 77, 81, 103
Bank of Ireland **31**, 89
Beatty, Sir Alfred Chester 35
Beckett, Samuel 25, 33, 40, 77
Behan, Brendan 40
Bloomsday (16. Juni) 11, **20**
Bolger, David 76
Book of Kells 22, **33f.**
Botanischer Garten 19, 47, **49**
Boyne-Tal 100f.
Britische Herrschaft 9f., 18, 24, 37, 38f., 41, 44, **88ff.,** 101
Brú na Bóinne 100f.
Bürgerkrieg 9f., 41, 45, **88ff.**
Capel Street 66, 92
Charlemont House 42
Chester Beatty Library 24, 26, **34f.,** 42, 55
Christ Church Cathedral 22, 34, **36**
Church of St. Nicholas 91
City Hall 23, 26, **34**
Clery's 65
Coisceim 76
Collins Barracks 43f.
Connolly, James 90
Connolly-Statue 90
Curator's Room 43f.
Custom House 21, 39, **40,** 83, *88/89,* 90
Dalkey 96ff.
Dalkey Island 98
Docklands *8/9,* 10, **46,** 59, 83
Doyle, Roddy 45
Drogheda 100f.
Dublin Castle 8, 17, 23, 34, 36, **36f.,** 61
Dublinia 23, 26, **37,** 86
Dublin Writers Museum 23, 26, **40f.,** 54
Dublin Zoo 49, **86**
Dun Laoghaire 96ff.
Early-Bird-Menu 51, 59, 60
Famine Statues 46
Father Matthew 44, 93
Fitzwilliam Square 26
Forty Foot Hole 48, 96ff.
Four Courts *40,* **41f.,** 93
Francis Street 48f., 62, 91, 93
Fry Model Railway 87
GAA Museum **47,** 86
Gaelic Football 39, 47, **77**
Gälisch 17f.
Gaiety Theatre 77
Gallagher Gallery, Royal Hibernian Academy 30
Gallery of Photography 31
Gandon, James 40
Garden of Remembrance 45
Gate Theatre 59, **77**
General Post Office (GPO) 10, **42,**

88ff., 106
George IV. 18, 28
Georgian Doorways 10, 18, *26*
Georgian Dublin 10, 18, **26ff.,** 39, 40, 43, 26, 27, 29ff., 41, 61ff.,
Georgianischer Stil 10, **18,** 26ff., 30, 39ff., 42, 43, 79, 81, 82, 83
Glasnevin Cemetery 47
Grafton Street 9, 11, 48f., 52, 56f., 62ff., 86, 102f.
Grand Canal 11, 26ff.
Grattan, Henry 88
Gravity Bar 47
Guinness, Arthur 74
Guinness Storehouse **47,** 86, 93, 95
Guinness-Brauerei 22, **47,** 74, 75, 95
Guilbaud, Patrick 54
Halfpenny Bridge *22/33,* 25, **32,** 71, *112/113*
Harfe **18f.,** *21,* 34
Hill of Slane 101
Hill of Tara 101
Howth 52, 55, 80, **99f.,** 130
Howth Castle 80, **101**
Hugh Lane Gallery, The 26, **42**
Hurling 39, 47, **77**
Ilac Centre 57, **64**
Ireland's Eye 99
Irish Film Institute 33, **71**
Irish Museum of Modern Art 42, **47f.**
Irish Writers' Centre 40
Iveagh Garden 28
Iveagh Market 91
James Joyce Centre 20, **42**
James-Joyce-Denkmal *44*
James Joyce Museum 96ff.
Jameson's Distillery und Smithfield Chimney 22, **42f.,** 83, 86
Jervis Centre 57, **64**
Joyce, James 11, 22, 31, 40, 42, **45,** 74, 75, 97f.
Katholizismus 9f., 20, 31, 34, 38, 44, 49, 88ff., 91, 130
Kelten 9, 17f., 21, 30, 47
Killiney 87, 96ff.
Killiney Hill 96ff.
Kilmainham 24, 47
Kilmainham Gaol 23, **48,** *49,* 90
Kloster Kells 33
Knowth, Ganggrab *96/97,* 100f.
Leinster House 28
Liberties, The 48f., 62, 90ff.
Liberty Hall 90
Liberty Market 48
Liffey *6/7,* 9ff., 19, 21, 25f., 32, 39ff., 46, 62, 66, 90, 104, 106, *112/113*
Literary Pub Crawl 25
Long Room 33f.
Lucky Stone 38
Malahide 48, 87, **99f.**

Malahide Castle 87, **99f.**
Mansion House 28
Marsh, Narcissus 38
Marsh's Library 38
Martello Tower 97f., 99
Maternity Hospital 45
McAleese, Mary 18
Merrion Square 11, 21, 26, **28f.,** 52, 86, 103
Millennium Bridge 11
Millennium Spire 10, **44**
Molly Malone 32
Monument of Light 10, **44**
Moore, Thomas 89
Mountjoy Square 43
Mourne Mountains 101
Museum of Modern Art 24, 42, **47f.**
National Botanic Gardens 47, **49**
National Gallery 24, 26, *28/29,* **29**
National Library 29
National Museum – Archaeology 23, 26, **29f.,** 42, 63
National Museum – Decorative Arts and History 24, 26, 42, **43f.**
National Transport Museum 100
Natural History Museum **30,** 42
Newgrange, Ganggrab 100f.
Newman House 31
Normannen 36, 37, 38
Northside 10, **19,** 39ff., 53
Number 29, Georgian House Museum 30, 86
Osteraufstand 10, 42, 44, 48, **90**
O'Casey, Sean 77
O'Connell, Daniel 34, 44, 47, 89f.
O'Connell-Denkmal 89f.
O'Connell-Statue 34
O'Connell Street *6/7,* 10, 19, 40, **44f.,** 45, 59, 60, 62, 90, *91,* 92
O'Rahilly, Michael 90
O'Rahilly Parade 90
Parnell, Charles Stewart 45
Parnell Square 21, 43, **45**
Pearse, Patrick 90
Phoenix Park 11, 18, 48, **49,** 79, 84, 86, 106
Photographic Archive 31
Portobello 27
Powerscourt Centre 64
Pre-Theatre Menu 51, 59, 60
Project Arts Centre 33, 76
Royal Canal 27
Royal College of Surgeons 31
Royal Hibernian Academy, Gallagher Gallery 30
Royal Hospital 47
Rugby 19, **77**
Sandycove 48, 52, 56, **96ff.**
Sean O'Casey Bridge *8/9,* 46
Shamrock 19
Shaw Birthplace **27f.,** 41

Shaw, George Bernard 27f., 40f.
Slane 100
Smithfield 42f., 83
Smithfield Chimney (Jameson's Distillery) **42f.**, 83, 86
Sportmuseum **47**, 86
Southside **19**, 44f.
St. Audouen's Church **38**, 92
St. Audouen's Gate 92
St. Catherine's Church 48
St. Mary's Pro-Cathedral **45**, 72
St. Michan's Church 39, **45f.**, 93
St. Nicholas' Church 91
St. Patrick 19, 20, 38f., 91, 101
St Patrick's Cathedral *11*, 22, 34, **38f.**, 91

St. Patrick's Day (Nationalfeiertag) 8, 19, **20**
St. Patrick's Park **39**, 91
St. Stephen's Green 11, 26ff., **30f.**, 39, 52, 57, 86
St. Stephen's Green Centre *62/63*, **64**
Stadion Croke Park 23, 47, **77**
Stoker, Bram 33, 95
Swift, Jonathan 33, 39
Taylor's Hall 92
Talbot Memorial Bridge 40
Tara's Palace 87
Temple Bar 21, **31ff.**, 39, 49, 52, 62, 68ff., 72, 84, 85, 86, 90ff., 95

Temple Bar Food Market 57, 66, *67*
Tivoli Theatre 91
Trikolore, irische 90
Trinity College 11, 22, 31ff., **33f.**, 84, 95, 88ff.
Ulysses 20, **45**, 74, 98
Unabhängigkeit, irische 10, 23, 37, 45, **88ff.**
University Church 31
Wicklow-Berge 36, 49, 87, 98, 101
Wikinger 9, 30, 33, 34, 37, 90ff.
Wilde, Oscar 22, 25, 29, 33, 40
Yeats, Jack Butler 29
Yeats, William Butler 29, 40, 90

> SCHREIBEN SIE UNS!

Liebe Leserin, lieber Leser,

wir setzen alles daran, Ihnen möglichst aktuelle Informationen mit auf die Reise zu geben. Dennoch schleichen sich manchmal Fehler ein – trotz gründlicher Recherche unserer Autoren/innen. Sie haben sicherlich Verständnis, dass der Verlag dafür keine Haftung übernehmen kann.

Wir freuen uns aber, wenn Sie uns schreiben.

Senden Sie Ihre Post an die
MARCO POLO Redaktion,
MAIRDUMONT, Postfach 31 51,
73751 Ostfildern,
info@marcopolo.de

IMPRESSUM

Titelbild: Temple Bar (Look: Raach)
Fotos: Aideen Bodkin: Wojtek Grzejdziak (14 o.); W. Dieterich (U. l., U. M., U. r., 2 l., 3 l., 3 M., 3 r., 4 l., 4 r., 5, 8/9, 18, 21, 22/23, 26, 30, 33, 34, 43, 44, 46, 49, 50/51, 55, 56, 58, 59, 61, 62/63, 64, 67, 70, 73, 75, 76, 78/79, 85, 86/87, 87, 88/89, 91, 98, 101); Ecocabs Ireland Limited (13 o.); © fotolia.com: DWP (95 u. r.), fooddesign (12 u.), Tim Porter (15 u.); Roslyn Fuller (14 u.); geocaching ireland: Sean P. O'Rourke (94 M. r.); HB Verlag: Meinhardt (11, 40, 96/97); Sinead Howick (12 o.); Huber: Damm (6/7), Fantuz (16/17); © iStockphoto.com: Elena Korenbaum (94 u. r.), Hon Lau (95 M. l.), Huchen Lu (95 M. r.), Michael O'Meara (94 M. l.), Hélène Vallée (95 o. l.); itsa bagel ltd: Joanna Murphy (94 o. l.); H. Krinitz (2 r., 38); Laif: Krinitz (28/29, 37, 52, 86, 112/113), Modrow (93); Jenny Lindfors (13 u.); Look: Raach (1); RideandRoll: Julien Porzadny (15 o.); T. Stankiewicz (20/21, 68/69, 80, 83); J. Sykes (130); Thisisnotashop: Jessamyn Fiore (14 M.); Transglobe: Grehan (20)

2., aktualisierte Auflage 2009
© MAIRDUMONT GmbH & Co. KG, Ostfildern
Chefredaktion: Michaela Lienemann, Marion Zorn
Autor: John Sykes; Redaktion: Christina Sothmann
Programmbetreuung: Silwen Randebrock, Jens Bey; Bildredaktion: Gabriele Forst
Szene/24h: wunder media, München
Kartografie Reiseatlas: DuMont Reisekartografie, Fürstenfeldbruck © MAIRDUMONT, 73751 Ostfildern
Innengestaltung: Zum goldenen Hirschen, Hamburg; Titel: S. 1–3: Factor Product, München
Sprachführer: in Zusammenarbeit mit Ernst Klett Sprachen GmbH, Stuttgart, Redaktion PONS Wörterbücher

John Sykes wurde in Southport bei Liverpool geboren – von Dublin aus gesehen direkt auf der gegenüberliegenden Seite der Irischen See.

Wie stehen Sie als Engländer zu Irland?

In der Vergangenheit haben sich Iren und Briten nicht immer gut verstanden, aber ich bin seit meiner ersten Reise dorthin mit 14 Jahren von Land und Leuten sehr angetan. Damals lernte ich die Iren im Rahmen eines Campingurlaubs an der wilden Küsten von Donegal im Nordwesten der Insel kennen, und anschließend fuhren wir quer durchs Land nach Dublin, das damals ruhiger war als heute. Seitdem schätze ich die herrliche Landschaft und schönen Küsten, die freundlichen Menschen, und fahre immer wieder gern hin.

Und Ihre Beziehung zu Dublin?

Mit der schwierigen Seite der irischen Geschichte bin ich schon seit Kindertagen konfrontiert: Jährlich am 11. Juli marschieren die irischstämmigen Protestanten Liverpools, die „Orangemen", durch meine Heimatstadt, um den Sieg über die katholischen Kräfte 1690 zu feiern. Vor diesem Hintergrund faszinieren mich in Dublin gerade die vielen Zeugnisse des Unabhängigkeitskampfes der Iren und die Spuren jener alten Spannungen in dieser Stadt.

Was mögen Sie besonders an Dublin?

Vor allem die Dubliner – sie sind gastfreundlich, witzig, hilfsbereit, gesprächig, charmant. Dublin ist zwar nicht mehr so betulich wie vor 20 Jahren, sondern eine moderne und schicke, teils schnelllebige und hektische Metropole geworden – aber die sympathischen Seiten des irischen Charakters überleben das alles. Dublins Nähe zur Küste ist ein großes Plus. Bei einem Ausflug nach Howth kann man richtig frische Luft tanken – das fehlt mir in meiner Wahlheimat Köln. Und die Pubs sind wunderbar – die Stimmung, die Einrichtung, die Musik, einfach alles.

Was machen Sie beruflich?

Ich schreibe Reiseführer über England, Schottland, Irland und natürlich Dublin. Mein Hobby habe ich damit zum Beruf gemacht: Ich besuche sehr gern Kathedralen, Kirchen und Museen. Allein dafür ist Dublin immer eine Reise wert.

Mögen Sie die Dubliner Küche?

Ja, besonders die Meeresfrüchte-Gerichte wie *Dublin Bay Prawns*! Die traditionellen irischen Spezialitäten wie *Irish Stew* sind hier nicht unbedingt das Beste. Ich bevorzuge die sogenannte moderne irische Küche, bei der beste irische Zutaten wie Rindfleisch, Käse und Fisch nach den Regeln der französischen und italienischen Küche zubereitet werden. Guinness trinke ich zwar gern, würde mir aber mehr Vielfalt bei den Biersorten in den irischen Kneipen wünschen.

> BLOSS NICHT!

Auch für Dublin gibt es paar Ratschläge, die Sie beherzigen sollten

Unaufmerksam beim Kneipenbesuch

Lassen Sie sich vom Bier und der guten Stimmung nicht so weit mitreißen, dass Sie im Pub und auf dem Heimweg nicht mehr auf Ihre Wertsachen achten. Und passen Sie auf, dass Sie nicht etwa aus Versehen andere Kneipengäste provozieren, vor allem Gruppen junger Kampftrinker, die schnell aggressiv werden können. Übrigens: Nach 19 Uhr dürfen sich keine Minderjährigen in Pubs aufhalten.

Sich unpassend anziehen

Wenn Sie vorhaben, in einem besseren Restaurant zu essen, in einer stilvollen Bar Cocktails zu trinken oder in einem exklusiven Club zu tanzen, dann stecken Sie etwas Feineres als Turnschuhe und Jeans ins Gepäck. Zu lässig gekleidet, werden Sie sich entweder unwohl fühlen oder der Türsteher lässt Sie gar nicht erst rein.

In die falsche Richtung schauen

Dieser Hinweis gilt zum einen für den Straßenverkehr: Die Iren fahren links. Und die stressfreien Tage sind für Autofahrer und Fußgänger auch in Dublin längst vorbei. Ein Blick in die falsche Richtung kann lebensgefährlich sein, denn Busse, PKW und Lastwagen donnern von früh bis spät durch die Straßen. Vom Radfahren ist in der irischen Hauptstadt ganz abzuraten. Zum anderen führt die Nummerierung der Häuser Fremde häufig in die Irre. Dublins Gebäude sind nicht mit geraden Zahlen auf der einen Straßenseite und ungeraden auf der anderen markiert, sondern auf einer Seite durchnummeriert. Die Zahlenreihe setzt sich auf der gegenüberliegenden Seite fort.

In öffentlichen Räumen rauchen

In Dublin herrscht in allen Pubs, Restaurants, Verkehrsmitteln und anderen öffentlichen Räumen absolutes Rauchverbot. Viele Gaststätten richteten Raucherzonen im Freien, auf Terrassen oder vor dem Eingang ein. Diese Regelung wird streng eingehalten und hat oft nette Folgen: Es kann vorkommen, dass die Luft in der Kneipe besser ist als vor der Tür. Und der Tresen verlängert sich als Platz für Gespräche und neue Bekanntschaften nach draußen.

Sich selbst zu ernst nehmen

Mit Charme und Mutterwitz erreichen Iren ihre Ziele. Angeber, Wichtigtuer und Besserwisser sind in Dublin noch weniger erwünscht als in anderen Ländern. Seien Sie geduldig und locker, nehmen Sie sich Zeit zum Plaudern – so klappt vieles besser.

Opfer von Taschendieben werden

Der Reichtum ist in Dublin wie fast überall ungleich verteilt, die Folgen sind nicht überraschend: Die vielen Bettler sieht man, die Taschendiebe nicht. Achten Sie im Gedränge, vor allem in öffentlichen Verkehrsmitteln, auf Ihre Sachen.